KB048142

숫자 감각의 힘

숫자
감각의
힘

불확실성을 기회로 만드는
6가지 숫자 전략

사이토 고타츠 지음 | 양필성 옮김

C
클랩북스

"하, 올해 실적이 이렇게밖에 안 나왔네.
목표 매출을 '어떻게든' 채워야 하는데…."

"믿었던 이 회사 주가가 떨어질 줄이야!
그 친구 말이 '왠지' 맞을 것 같았는데…"

"이 키워드는 '상당히' 효과 있을 거라 예상했는데,
왜 며칠이 지나도록 반응이 없지?"

성과와 수익이 간절한 이들에게
반드시 필요한 한 가지, '숫자 감각!'

숫자 감각을 키우기 위해서는 먼저 이 단어들을 지워야 한다.
'어떻게든' '왠지' '상당히'!
그리고 그 자리에 숫자를 대입하는 습관을 가져야 한다.

숫자에 강한 사람은,
숫자를 근거로 전체 맥락을 이해하며 빠르게 실행한다.
문제의식을 가지고 숫자를 분석하고 미래를 대비한다.

판매나 마케팅, 투자 등에서
성과와 실적, 수익을 높이기 위해
'상당히' 잘되는 방법을 고려하고 있다면,
그 '상당히'에 대한 기댓값을 산출할 줄 알아야 한다.

10회 중 7회의 성공이 예상된다면, 성공 확률은 70%.
연이은 두 가지 추가 대책도 반반의 확률로 성공이 예상되면,
기댓값은 70% × 50% × 50% = 17.5%

그렇다면 이렇게 말할 수 있겠다.
"이 방법으로 실행했을 때,
예측대로라면 약 17.5%의 확률로 성공할 수 있습니다!"

일본 소프트뱅크의 창업자 손정의 씨는 이렇게 말했다.

"성공 확률 50%인 사업을 하는 것은 어리석은 짓이고,
성공 확률 90%인 사업은 이미 늦은 것이다.
성공 확률 70% 정도인 사업을 하는 것이 가장 좋다."

주목해야 하는 것은
30%의 실패를 처음부터 상정해 두는 것이다.
실제로 소프트뱅크는
신사업 진출도 빠르지만, 철수도 빠르다.
'30%의 실패' 리스크를 예상하고 있기 때문이다.

숫자에 강한 이들이 목표한 성과에
먼저 도달하는 것은 결코 이상한 일이 아니다.

불확실성을 기회로 바꾸는 숫자의 힘,
"나는 이제 직감 대신 숫자로 말한다!"

남들보다 빠르게
수익을 내는 사람들의 비밀

여기, 둘 중에 어떤 사람이 빠르게 수익을 낼까요?

간단한 계산 앞에서 어떤 답도 내놓지 못하고 머릿속이 '일시 정지' 상태로 멈춰버리고 마는 '숫자에 약한 사람'. 반면, 매출액과 제조 원가, 마케팅 비용 등 흩어진 숫자들을 빠르게 계산하고 분석해 그 의미를 찾고 앞으로의 방향을 설정하는 이른바 '숫자에 강한 사람'.

비즈니스 현장은 숫자로 가득합니다. 그리고 어떤 분야든 성과와 수익은 숫자로 표기되기 마련입니다. 회사에서의 실적뿐만 아니라 유튜브 채널의 조회수, 스마트 스토어의 판매량, 그리고 주식 투자의 수익률까지도 숫자로 드러나는 시대에 살고 있습니다. 어쩌면 우리는 숫자가 지배하는 세상에서, 숫자에 강한 사람들에게 승기를 빼앗기고 있는지도 모르겠습니다.

그렇다면 '숫자에 강한 사람', '숫자 감각이 있는 사람'은 어떤 사람일까요?

숫자에 강한 사람은 단순히 계산이 빠른 사람만은 아닙니다. 숫자를 분석할 줄 안다는 것은 그저 단순 계산식을 대입할 줄 아는 차원의 문제만은 아니거든요.

이들은 숫자를 보고 '왜 그 숫자가 되었는가?'라고 생각할 줄 알고, 문제의식과 목적의식을 가지고 숫자를 분석할 줄 압니다. 숫자를 사용해 명확한 근거를 제시할 수 있으며, 숫자가 가진 의미를 파악하여 전체 맥락을 이해하고, 매사에 신속하게 결론을 내립니다. 본질을 꿰뚫는 능력이 있기 때문입니다. 또한 세상의 움직임과 트렌드를 좀 더 객관적 관점으로 바라볼 수 있습니다.

숫자 감각을 키우기 위한 첫 단추로 일단 '숫자로 생각하는 습관'을 갖는 것이 중요합니다. 예를 들면, 이렇게 생각하고 판단할 줄 아는 것입니다.

당신이 어느 날 인터넷에서 '연봉 1억 원도 가능!'이라는 광고를 보고, 이직을 진지하게 생각하기 시작했다고 합시다.

그런데 막연한 기대와 희망을 품고, 지금의 직장을 섣불리 그만두어서는 안 되겠죠. 성공적인 이직을 할 수 있는지는 사실 해보지 않으면 알 수 없을 테니까요.

먼저, 지금의 직장과 이직할 직장의 장단점을 비교해 봐야 할겁니다. 그런데 그 비교가 막연한 생각이나 직감이 아니라, 합리적이고 객관적인 판단이 되려면 어떻게 해야 할까요?

'이직할 직장'에 대한 가능성과 기대를 숫자로 표현해 봅시다. 이를테면 이직의 '기댓값'을 계산해 보는 것이죠. 이것이 앞으로 소개할 '숫자 전략 3' 파트의 시나리오 플래닝 기법입니다. 이를 활용하면 이런 계산이 가능합니다.

'분명 내 직종의 구인율은 높은 편이다. 그러나 연봉 1억 원을 줄 회사를 찾을 확률은 그리 높지 않을 것이다. 겨우 10% 정도일 것이다. 하지만 현재의 연봉 6,000만 원보다 오를 확률, 예를 들어 8,000만 원 정도가 될 확률은 30% 정도는 있다.

일반적으로 생각하면, 지금과 급여 차이가 없는 회사가 많은 것 같다. 그래서 지금과 변하지 않는 확률을 50%라고 한다. 하지만 4,000만 원 정도로 내려갈 리스크도 있으니 거기에 10%를 부여한다.'

이에 따른, 기댓값을 계산해 보면 다음과 같습니다.

- 1억 원 × 10% = 1,000만 원
- 8,000만 원 × 30% = 2,400만 원
- 6,000만 원 × 50% = 3,000만 원
- 4,000만 원 × 10% = 400만 원

- 기댓값 = 6,800만 원

일단 기댓값은 현재의 연봉을 넘었습니다. 이처럼 숫자로 사고하는 법을 알면, 자신의 도전이 무모한 일인지 아닌지 어느 정도는 판단할 수 있습니다. 어떤 선택을 하든 좀 더 합리적인 결론에 도달할 수 있겠죠.

그러나 많은 사람들이 '연봉 1억 원'이라는 숫자에만 혹해서 면밀하게 생각하지 않고 무모하게 도전하는 경우가 많습니다. 또는 자신의 시장 가치를 정확하게 가늠할 수 없어서 도전하지 못하는 경우도 있습니다. 정확하지 않아도 좋으니 일단 '수치화'하면 행동으로 옮기기 전에 이를 기준으로 삼을 수 있습니다. 또 이수치가 설사 틀렸다 하더라도, 틀렸다는 것을 증명하기 위해 논의하는 시작점이 될 수 있습니다.

　숫자로 생각하는 습관이란 바로 이런 것입니다. 막연한 '기대'가 아닌, 정확한 '기댓값'을 산출하여 다름 아닌 숫자를 판단의 근거로 삼는 것입니다. 숫자는 짐작하거나 추정할 필요 없이, 그 자체로 진실을 담고 있습니다. 제대로 읽어내고 분석해 낸다면, 충분히 불확실성을 기회로 바꿀 수 있습니다. 이 책은 숫자로 사고할 수 있도록 첫 단추를 끼워주고, 숫자가 만들어내는 서사와 맥락을 파악할 수 있도록 도울 것입니다.

　저는 원래 '찐'이라는 단어가 붙을 정도로 문과계 인간이었습니다. 그런데 굳은 결심으로 미국에서 통계학을 배우고 숫자의 세계에 깊이 매료되어, 이제는 기업을 상대로 이를 컨설팅하고 있습니다.

　더불어 데이터 분석에 사용되는 프로그래밍 언어인 '파이썬python'을 익혀서 데이터값이 무엇을 의미하게 되는지 알고, AI에 관한 일에 다양하게 관여하게 되었습니다. 그 덕분에 예전부터 갖고 있었던 의문, 빠르게 성과를 내는 사람들에 대한 궁금증이 어느 정도는 해소되었습니다.

이것이 숫자의 매력이고, 숫자가 가진 파워입니다. 비즈니스 현장에서 일어날 수 있는 다양하고 구체적인 사례를 활용하여, 자연스럽게 숫자로 사고할 수 있도록 내용을 구성한 것이 이 책의 매력입니다.

여러분 모두가 부디 즐겁게 숫자의 세계를 경험하고, 심플하고 효과적으로 일의 결과를 만들 수 있었으면 합니다. 그래서 원하는 바를 누구보다 빠르게 달성할 수 있기를 바랍니다. 이 책이 그 역할을 해줄 수 있을 것이라 확신합니다.

사이토 고타츠 / 편집부

차례

숫자 전략 1
세상을 지배하는 '숫자의 규칙'을 이해하라
: 성공 확률을 높이는 첫 단계

숫자 전략 2
큰 숫자는 작은 단위로 나눠라
: 평균값 변환으로 숫자와 친해지기

숫자 전략 3
'확률'을 모르면 게임을 이길 수 없다
: 기댓값 계산법과 시나리오 플래닝

숫자 전략 4
현재의 객관적 위치를 가늠하라
: 표준편차, 편찻값은 매우 유용한 도구

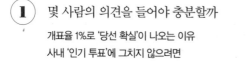

숫자 전략 5
숫자의 거짓말을 간파하라
: 정확도를 판별하는 '신뢰구간' 이야기

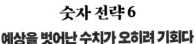

숫자 전략 6
예상을 벗어난 수치가 오히려 기회다
: 빅데이터를 상대하는 힘 '다변량 해석'

숫자 전략 ①

THE
SENSE
NUMBE

세상을 지배하는
'숫자의 규칙'을
이해하라

: 성공 확률을 높이는 첫 단계

세상의 수많은 것들은 '숫자'로 만들어져 있다고 해도 과언이 아닙니다. 원하는 학교나 회사에 들어갈 수 있느냐 없느냐, 나와 맞는 결혼 상대를 만날 수 있느냐 없느냐, 우연히 들어간 음식점에서 내 입맛에 맞는 음식을 먹을 수 있느냐 없느냐……, 이것들 모두가 확률의 세계입니다. 비즈니스도 마찬가지입니다. 성공도, 실패도 확률에 따라 결정됩니다. 그 결과는 해보기 전까지는 알 수 없지만, 여러 가지 활동을 통해 성공 확률을 높일 수 있습니다. 비즈니스란 이처럼 숫자로 파악하고, 숫자로 계산할 수 있는 과학입니다.

알고 보면 모두가
'확률의 세계'

세상의 일은 '주사위의 눈'으로 결정된다?

당신의 눈앞에 주사위가 있습니다. 주사위를 던져서 1이 나오면 10만 원을 받지만, 6이 나오면 반대로 10만 원을 잃습니다. 2~5가 나오면 한 번 더 던질 수 있습니다.

비즈니스란 이 주사위 게임과 같습니다.

성공도 실패도 일정한 확률로 일어나고, 해보기 전까지 어느 쪽일지 알 수 없습니다. 계속해서 성공할 수도 있고, 계속해서 실패할 수도 있습니다. 다만, 몇 번이고 계속하다 보면 결국 일정 확률에 가까워지게 됩니다.

이 게임에서 이기기 위해서는 어떻게 해야 할까요. '주사위를 던져 항상 1이 나오도록 훈련한다?' 이것도 하나의 방법입니다. 카지노 딜러 중에는 훈련을 통해 특정한 숫자만 나오게 할 수 있는 사람도 있다는 이야기를 들었습니다.

그러나 그보다 훨씬 간단한 방법은 '게임의 규칙을 바꾸는 것'입니다. 예를 들어, 숫자 1이 나왔을 때만이 아니라 2와 3이 나왔을 때도 10만 원을 받을 수 있습니다. 그러면 게임에서 이길 확률은 훨씬 높아집니다.

물론 실패할 확률이 제로가 되는 것은 아닙니다. 하지만 규칙을 이해하면 실패에 대비할 수 있고, 시행착오를 통해 성공 확률을 더욱 높일 수도 있습니다.

비즈니스도 마찬가지입니다. 성공도, 실패도 확률에 따라 결정됩니다. 그 결과는 해보기 전까지는 알 수 없지만, 여러 가지 활동을 통해 성공 확률을 높일 수 있습니다. 비즈니스란 이처럼 숫자로 파악하고, 숫자로 계산할 수 있는 과학입니다.

비단 비즈니스뿐만이 아닙니다. 세상의 수많은 것들은 숫자로 이루어져 있다고 해도 과언이 아닙니다. 원하는 학교나 회사에 들어갈 수 있느냐 없느냐, 성장 가능성이 높은 일을 맡을 수 있

숫자 감각의 힘

느냐 없느냐, 나와 맞는 결혼 상대를 만날 수 있느냐 없느냐, 우연히 들어간 음식점에서 내 입맛에 맞는 음식을 먹을 수 있느냐 없느냐……, 이것들은 모두 확률의 세계입니다.

'숫자 규칙'을 알아야 '숫자 관리'를 할 수 있다

그러나 우리는 평상시 그런 것을 그다지 의식하지 않습니다. 예를 들어, 기업에서는 다음과 같은 일이 일상적으로 일어납니다.

- '왠지 팔릴 것 같다'라는 느낌만으로 상품을 발매해서 대 실패한다.
- '매출을 좀 더 올려라'라는 애매한 지시를 받고 그저 고객과의 약속 잡기에만 매달린다.
- '일단 해보자'라는 생각으로 막대한 예산을 쏟아붓는다.

그러면서도 할당량 등의 목표 수치에 대해서는 지극히 엄격합니다.

- '목표에서 1,000만 원 부족하니까 좀 더 노력해!'

• '경비가 10% 더 들어갔으니 앞으로 더 줄여라!'

이런 지시를 내리면서 '나는 숫자 관리를 잘하는 사람이다'라고 생각하는 관리직도 있을 것입니다. 그러나 단순히 숫자를 보는 것보다 더 중요한 것은 세상을 지배하는 '숫자 규칙'을 이해하는 것입니다. 그리고 그 규칙을 이해하는 데 꼭 필요한 것이 통계학입니다.

통계학을 다루는 책 대부분은 어떻게 데이터를 다룰지, 어떻게 계산해 유효한 데이터를 얻을지에 집중합니다. 통계학이란 '데이터를 다루는 기술'이기 때문에 당연한 것입니다.

통계학 책에는 분산, 표준편차, 신뢰도, 카이제곱분포, t검정…… 등 문과계 사람들은 들어본 적도 없는 단어가 빈번하게 나옵니다. 그것만으로도 머리가 아픈 사람이 있을 겁니다. 이러한 단어들을 이용하면, 예를 들어 점포의 매출 데이터에서 "이 데이터의 분산은 이 정도여서 표준편차는 ○○, 신뢰도는 △△입니다."라는 상세한 분석이 가능합니다.

그러나 '그 숫자를 어떻게 활용하면 좋을까?'라는 부분을 다루는 책은 그다지 많지 않습니다. 이 책이 근본적으로 목표로 삼는 것이 '일상에서 쓸모 있는 숫자 지식'입니다. 복잡한 이론이나 세세한 계산식 등은 될 수 있는 한 다루지 않고, '숫자로 생각하면 이런 점에서 도움이 된다'라는 실용적인 내용을 담기 위해 노력 했습니다.

기본적인 지식은 사칙연산 정도만 할 수 있으면 충분합니다. 다시 말해, '더하기, 빼기, 곱하기, 나누기' 정도만 할 수 있으면 이 책을 이해하는 데 전혀 어려움이 없습니다.

'숫자에 강한 사람'이 되면

그렇다면 이 책을 읽으면 어떤 것이 가능해질까요? 통계학을 알고, 숫자 감각을 익혀 '숫자에 강한 사람'이 되면 무엇이, 어떻게 달라질까요?

어떤 숫자든 '나에게 의미 있는 숫자'로 자동 변환한다

첫 번째는 '무의미한 숫자들을 나에게 의미 있는 숫자로 이해할 수 있게 된다'는 것입니다.

숫자 감각의 힘

2020년에 세계를 덮친 코로나19 바이러스는 수많은 사람에게 숫자의 의미를 이해하도록 강요한 사건이었습니다. 매일 발표되는 감염자 수, 치솟아 오르는 그래프, 백신 접종률 추이……. 그런데 그것을 보고 '아, 어제 감염자가 ○○명이었구나'라는 사실은 알았지만, 그 숫자가 의미하는 것이 무엇인지는 정확히 알지 못했습니다.

　　더불어 다양한 데이터를 활용한 검증 안 된 수상한 정보들이 하루가 멀다 하고 나타났다가 사라졌습니다. '백신을 맞으면 몸에 자성磁性(자기를 띤 물체의 성질)이 생긴다', '○○를 먹으면 코로나에 걸리지 않는다'라는 낭설이나 거짓이 난무했습니다. 도대체 무엇을 믿어야 좋을지, 앞으로 어떻게 될 것인지 사람들은 불안에 떨어야만 했습니다.

　　통계학의 기본적인 지식이 있으면 어떤 숫자든 나에게 의미 있는 숫자로 이해할 수 있습니다. 그러면 불안이 줄어드는 것은 물론이고, 수상한 숫자에 대해서는 '이상하다'라는 의문을 품게 됩니다.

　　'숫자에 강한 사람'에게는 특징이 있습니다. 바로 '어떤 숫자를 나에게 의미 있는 숫자로 만드는 데 능숙하다'는 것입니다. 모르는 숫자가 있으면 그것을 어떻게 자신에게 도움이 되는 숫자로 변환할 것인가를 자동으로 생각하는 습관을 지니고 있습니다.

예를 들어 '감염자 수가 100만 명을 돌파했다'라는 숫자를 보고 이렇게 생각할 수 있습니다.

• 감염자 수가 100만 명을 넘었다는 것은 일본 인구의 약 100분의 1이 코로나19 바이러스에 감염되었다는 것이다. 우리 회사의 사원은 500명이고, 감염자는 아직 1명이니까 사내 방역은 비교적 잘되고 있는 것 같다.

이렇게 객관적이고 입체적이며 자신에게 도움이 되는 관점을 가질 수 있습니다. 더불어 당신이 인사부나 총무부 소속이라면 그 숫자를 보고 안심하면서도 '감염 확산 속도가 빨라지고 있으니까 예방 대책을 좀 더 강화해야겠다'라고 생각할 수 있을 것입니다.

그렇습니다. 숫자의 의미를 이해하고 있기 때문에 다음 대책을 마련할 수 있는 것입니다.

미래를 비교적 정확히 예측한다

앞에서 말했듯이 비즈니스란 주사위 게임과 같은 것입니다. 주사위를 던져서 1이 나오면 10만 원을 받고, 6이 나오면 10만 원을 잃는 게임이라면, 이길 확률은 약 17%, 질 확률도 약 17%가 됩니다. 이처럼 게임의 규칙을 파악하고, 그다음을 예측하는 것은 통계학의 강점입니다.

예를 들어 통계학을 활용하여 도시락 판매량을 예측한다고 합시다. 과거의 데이터를 바탕으로 1월의 어느 토요일, 날씨가 흐린 날, 최고 기온이 영상 10℃일 때 얼마만큼의 도시락이 팔릴 것인지를 예측합니다. 이런 계산은 데이터만 있으면 비교적 정확하게 예측할 수 있습니다.

이러한 예측의 최첨단에 있는 분야가 EC$^{Electronic\ Commerce}$(전자상거래)의 세계입니다. 어떤 상품이 언제, 얼마나 팔렸는지뿐 아니라 어떤 성향의 사람들이 어느 사이트를 통해 들어와서 어느 페이지에서 얼마나 오랫동안 머물렀고, 구매에 이르렀는지와 같은 행동 이력이 모두 남는 것이 EC의 특징입니다. 그렇기에 '어디를 어떻게 바꾸면 어떤 결과가 나올지'를 예측할 수 있습니다.

최근 주목받고 있는 것이 SDGs$^{Sustainable\ Development\ Goals}$(국제

사회의 지속 가능한 개발 목표)입니다. 다양한 분야에서 환경에 대한 배려가 요구되고 있습니다. 대량 출하, 대량 폐기라는 비즈니스 모델은 이제 세상이 허락하지 않게 되었습니다. 정확도 높은 수요 예측이 필요해진 이유이기도 합니다.

그렇다고 세상의 모든 것이 과거의 사례대로 흘러가지는 않습니다. 더구나 그것이 신제품이나 신사업이라면 정확한 예측은 매우 어려운 것일 수 있습니다. 숫자는 분명 힘이 있지만, 그 힘에는 한계도 존재합니다.

리스크를 예상하고 대비한다

그렇다면 미래를 읽는 것은 의미가 없는 걸까요. 아닙니다. 그럼에도 미래를 읽는 의미는 있습니다. 미래를 읽을 수 있으면 앞으로 일어날 일에 대해 대비할 수 있기 때문입니다.

무언가 시작하려 할 때, 그저 가정이어도 좋으니 '성공 확률 70%, 실패 확률 30%'라는 예측을 해보십시오. 그러면 '지금부터 하려고 하는 일에는 30% 정도의 리스크가 있다'라는 사실이 명확해집니다. 리스크가 보이면 사람은 자연스럽게 그에 대한 대책을 세우게 됩니다.

그렇게 하게 되면 만약 실패하더라도 당황하지 않습니다. 준비한 대책을 침착하게 실행하면 되기 때문입니다. 그것이 중요합니다.

일본 소프트뱅크의 창업자 손정의 씨는 "성공 확률 50%인 사업을 하는 것은 어리석은 짓이고, 성공 확률 90%인 사업은 이미 늦은 것이다. 성공 확률 70% 정도인 사업을 하는 것이 가장 좋다."라고 말했습니다. 과감하고 공격적인 투자로 알려진 소프트뱅크다운 말입니다.

다만, 여기서 주목해야 하는 것은 30%의 실패를 처음부터 상정해 두는 것입니다. 실제로 소프트뱅크는 신사업 진출도 빠르지만, 철수도 빠릅니다. '30%의 실패' 리스크를 예상하고 있기 때문일 것입니다.

미래 예측에서 중요한 것은 '맞추는 것'이 아닙니다. '어떤 미래가 오더라도 대응할 수 있는 것'이 훨씬 더 중요합니다.

빅데이터 시대,
숫자의 힘

지금까지는 많은 사람이 숫자에 대한 감도가 낮은 편이었습니다.
그런데 최근에는 숫자에 대한 인식이 조금씩 바뀌고 있습니다.

우리는 이미 AI의 손바닥 위에 있다

그 이유 중에 가장 큰 것은 두말할 필요도 없이 IT와 AI의 발달일
것입니다. 사람들이 항상 인터넷에 접속하는 환경이 되면서 막대
한 데이터를 취합할 수 있게 되었습니다. 데이터가 많으면 많을

수록 숫자는 힘을 발휘합니다.

최근 통계학이 주목을 받는 데에는 과거에 비해 많은 데이터가 쌓이는 것과 깊은 연관이 있습니다. 데이터가 많을수록 세상은 통계학의 결과에 가까워질 것입니다.

중국의 '지마신용芝麻信用'이라는 신용정보회사가 있습니다. 이 회사는 같은 시스템을 운용하는 알리바바 그룹의 사이트에서 데이터를 추출해 분석합니다. 구매 이력이나 알리페이라는 전자결제 서비스를 사용하는 사람들의 데이터를 AI가 분석하여 그들의 신용도를 점수화합니다.

결제 이력은 물론, 그 사람의 사회적 지위나 쇼핑 경향, 인간관계까지를 포함한 데이터를 분석하여 한 사람 한 사람에게 점수를 부여합니다. 점수가 높으면 그만큼 '신용도가 높다 = 많은 금액을 빌려도 된다'고 판단하고, 반대로 점수가 낮으면 '신용도가 낮다 = 많은 금액을 빌릴 수 없다'고 판단합니다. 또 점수가 높으면 다양한 특전이 주어지는 등의 장점이 있습니다.

그러나 이 수치가 신용거래의 세계 이외에서도 사용되고 있습니다. 예를 들어 점수가 낮으면 취업에 지장이 생기거나, 결혼 상대를 찾을 때도 제약이 생길 수 있습니다. 그 때문에 중국 사람들은 이 점수를 높이기 위해 기를 쓰고 노력하기도 합니다. 조금 허탈하지만 이미 그런 시대가 돼버렸습니다.

일본에서도 신용점수가 도입되어 활용하고 있지만, 아직 중국만큼 폭넓게 적용하고 있지는 않습니다. 그러나 전자결제가 중국에서 확대되어 일본에서도 일반화되었듯 언젠가는 세계 여러 나라에서 이 신용점수에 지배당하는 시대가 올 수도 있습니다.

우리는 이미 AI의 손바닥 위에서 춤추고 있습니다. 예를 들어 아마존에서 무언가를 쇼핑할 때 표시되는 '추천' 때문에 살 생각이 없었던 물건을 자신도 모르게 샀던 경험이 있을 것입니다. 이 것은 AI가 당신의 구매 이력을 분석하여 같은 기호를 가진 이들이 자주 사는 상품을 당신에게 보여주고 있기 때문입니다.

유튜브^{YouTube} 동영상도 마찬가지입니다. 하나의 동영상을 본 후에 나타나는 추천 영상을 계속해서 보다가 어느새 몇 시간이 훌쩍 지나가 버린 경험을 많은 이들이 했을 것입니다. 이것도 AI가 당신의 기호를 분석하여 당신이 좋아할 만한 동영상을 계속해서 추천해 주기 때문입니다.

요즘 틱톡^{TikTok}의 활약도 대단합니다. 추천의 구조는 기본적으로 아마존이나 유튜브와 다르지 않지만, 틱톡의 AI는 그 사이에 가끔 그 사람의 기호와는 전혀 관계가 없는 추천 영상을 끼워 넣습니다. 댄스 동영상을 보고 있으면 갑자기 라면 먹는 동영상이 튀어나오는 형식입니다. 같은 것만 계속 보다 보면 언젠가 질

려버리지만, 이렇게 랜덤으로 관계없는 주제가 추천 영상으로 올라오면 자신도 모르게 빠져들게 됩니다.

추천 엔진Recommendation Engine에 대한 흔한 비판으로 '같은 장르만 계속 보다 보면 인간으로서 사고의 폭이 넓어지지 않는다'라는 것이 있습니다. 그에 대해 틱톡에서는 이와 같은 구조로 뜻밖의 발견, 다시 말해 '우연한 만남'이 일어나도록 하여 이런 비판을 비켜나가고 있습니다.

숫자 너머의 세계를 보는 확실한 도구

많은 사람이 이런 AI는 틀림없이 복잡한 계산을 할 것이라고 생각합니다. 분명 계산은 복잡합니다. 그러나 그 원리는 절대로 복잡하지 않습니다. AI의 세계에서 사용되는 것은 '다변량 해석'이라는 것입니다.

그리고 그 기본은 여러분이 중학교에서 배웠던 '일차함수'입니다. 기억하시나요?

예를 들어, 다음과 같습니다.

- $y=5x$ 또는 $y=2x+5$

이것은 다시 말해, '하나의 변수가 정해지면, 다른 하나의 변수가 결정된다'입니다. 'y=5x'는 'x가 1일 때, y는 5가 된다'라는 것입니다. 예를 들어 '기온이 1℃ 오르면, 자판기 음료가 5개 더 팔린다'라는 법칙이 있다고 하면, 이것을 바로 'y=5x'라는 일차함수로 표시할 수 있습니다.

하지만 세상은 그렇게 단순하지 않습니다. 요일이나 시간, 혹은 광고 노출량 등 상품의 매출에는 다양한 요소가 복합적으로 관련되어 있습니다.

그래서 이 변수를 점점 늘려가는 것입니다. 그러면 인간이 계산하기 힘들어지기 때문에 AI가 계산하도록 합니다. AI가 하는 일이 바로 이런 것입니다.

어떻습니까. 이렇게 생각하니 그다지 어렵지 않게 느껴지지 않나요?

IT, 빅테크, 신용정보, AI, 메타버스……. 지금 세계는 하루가 다르게 계속해서 새로운 것이 생겨나고 있습니다. 그에 대해 '잘 모르니까 됐어'라고 알려 하지 않는 것은 자유이지만, 당신이 산속에 틀어박혀 숨어 사는 것이 아닌 이상 우리는 그 영향에서 벗어날 수 없습니다. 그렇다면 적어도 우리를 지배하고 있는 이 게임의 룰은 알아두는 게 좋지 않을까요?

숫자 감각의 힘

그 열쇠가 바로 숫자 감각을 기르는 것이고, 통계학을 익히면 가장 빠르게 그 감각을 익힐 수 있습니다. 그렇습니다. 다시 말해 통계학이란 숫자 너머의 세계를 보는 가장 확실한 도구이자 세상의 비밀을 밝히는 열쇠입니다.

◆ 비즈니스는 마치 확률 게임과도 같다. 성공도 실패도 일정한 확률로 일어나고, 해보기 전까지 어느 쪽일지 알 수 없다. 계속 성공할 수도 있고, 계속 실패할 수도 있다. 다만, 몇 번이고 계속하다 보면 결국 일정 확률에 가까워지게 된다.

....

◆ 숫자의 규칙을 이해하면 실패에 대비할 수 있고, 성공 확률을 더욱 높일 수도 있다. 그 규칙을 이해하는 데 통계학은 중요한 틀이 된다.

....

◆ '숫자에 강한 사람'이 되면 어떤 숫자든 나에게 의미 있는 숫자로 만들 수 있다. 그들은 간혹 모르는 숫자가 있으면 그것을 어떻게 자신에게 도움이 되는 숫자로 변환할 것인가를 자동으로 생각하는 습관을 지니고 있다.

....

◆ 데이터가 많으면 많을수록 숫자는 힘을 발휘한다.

◆ 무언가 시작할 때, 가정일지라도 '성공 확률 70%, 실패 확률 30%'와 같은 예측을 해보자. 그러면 자연스럽게 그에 대한 대책을 세우게 되고, 만약 실패하더라도 당황하지 않는다.

◆ 미래 예측에서 중요한 것은 '맞추는 것'이 아니다. 어떤 미래가 오더라도 '대응할 수 있는 것'이다.

◆ AI의 계산은 복잡할 수 있지만, 기본 원리는 사실 복잡하지 않다. '하나의 변수가 정해지면, 다른 하나의 변수가 결정된다'는 일차함수를 기본으로 한다.

◆ 세상은 일차함수처럼 그리 단순하지만은 않다. 요일이나 시간, 혹은 광고 노출량 등 매출에는 다양한 요소가 복합적으로 영향을 미치므로 이 변수를 점점 늘려가는 것이 '다변량 해석'이다. AI에 적용되는 계산법은 이같이 '다변량 해석'을 기반으로 한다.

숫자 전략 ②

THE
SENSE
NUMBE

큰 숫자는
작은 단위로
나눠라

: 평균값 변환으로 숫자와 친해지기

꼭 습관으로 만들었으면 하는 평균 계산이 있습니다. 그것은 '1인당 평균값을 내보는 것'입니다. 세상에는 상상할 수 없을 정도로 거대한 숫자가 넘쳐나고, 사람은 너무 큰 숫자를 보면 사고 정지 상태에 빠집니다. '숫자에 약하다'라고 말하는 사람들 대부분은 실제로는 '큰 숫자에 약하다'고 보는 게 맞을 겁니다. 그래서 도움이 되는 것이 바로 '평균값을 내는 습관'입니다. 1인당 숫자를 계산함으로써 거대한 숫자를 '나에게 의미 있는 숫자'로 만들 수 있습니다.

큰 숫자와
친해지는 법

숫자 감각을 익히려면 우선 큰 숫자를 알아야 하고, 큰 숫자를 분석하려면 언뜻 복잡한 식과 계산이 필요할 것 같은 이미지가 떠오릅니다.

분명 여러 가지 계산식이 숫자 분석에 도움을 주는 것은 사실이지만, 여기서는 실용적이고 실질적인 숫자 활용법을 알려주고자 합니다.

간단한 사칙연산만으로 가능하다

사실 일반적인 비즈니스 현장 혹은 일상에서 만나는 대부분의 일
은 간단한 사칙연산 즉, '더하기, 빼기, 곱하기, 나누기'만으로도
처리할 수 있습니다.

다음의 예를 살펴보겠습니다.

Q 당신은 주택 판매 업체의 판매 담당자이다. 오늘 6명의 고객이 상담
하러 왔다. 고객 각각의 연봉은 3,000만 원, 4,000만 원, 4,000만 원,
9,000만 원, 1억 원, 1억 2,000만 원이었다. 오늘 방문한 고객의 평균
연봉은 얼마일까?

아주 간단한 문제입니다.

- 3,000만 원 + 4,000만 원 + 4,000만 원 + 9,000만 원 + 1
  억 원 + 1억 2,000만 원 = 4억 2,000만 원
- 4억 2,000만 원 ÷ 6 = 7,000만 원

답은 7,000만 원입니다. 너무 쉬워서 '함정이 있는 문제가 아닐까?'라고 생각한 사람이 있을지도 모르지만, 그렇지 않습니다. 워밍업 같은 거라고 생각하십시오. 함정이 있는 문제는 나중에 얼마든지 나오니 안심하세요.

평균 신장이나 평균 체중, 혹은 평균 연봉 등 '평균'은 우리의 일상에서 아주 흔히 사용합니다. 너무 쉬워서 누구나 '이게 통계학인가'라고 생각할 수 있지만, 평균도 통계학 중 하나입니다.

단, 중요한 것은 그 사용법입니다. 사용법에 따라 평균값은 거의 의미 없는 숫자가 될 수도 있고, 비즈니스에 아주 중요한 지침을 주기도 합니다. 이 장에서는 이를 위한 '올바른 평균 사용법'에 대해 알려드리고자 합니다.

1인당 평균값을 내보는 것부터

꼭 습관으로 만들었으면 하는 평균 계산이 있습니다. 그것은 '1인당 평균값을 내보는 것'입니다.

세상에는 상상할 수 없을 정도로 거대한 숫자가 넘쳐납니다.

- 일본 국가 예산 1,070조 원

• 도요타 자동차 연 매출 270조 원

사람은 너무 큰 숫자를 보면 사고 정지 상태에 빠집니다. '숫자에 약하다'라고 말하는 사람들 대부분은 실제로 '큰 숫자에 약하다'고 보는 게 맞을 겁니다.

그래서 도움이 되는 것이 바로 '1인당 평균값 변환'입니다. 이는 1인 기준으로 숫자를 나눠 계산함으로써, 큰 숫자를 '나에게 의미 있는 숫자'로 만드는 기술이라고 할 수 있습니다.

그럼 앞에서 말한 '일본 국가 예산 1,070조 원'을 일본인 1인당 숫자로 고쳐봅시다. 일본의 인구는 약 1억 2,000만 명이므로 1인당 약 890만 원입니다.

• 1,070조 원 ÷ 1억 2,000만 명 = 891만 6,666,666……원

국가 예산에는 사회 보장비나 인프라 정비비, 혹은 방위비 등이 포함되어 있습니다. 한 사람이 하루하루 안심하고 쾌적하게 살기 위한 비용으로 연간 약 900만 원이 사용되고 있는 겁니다. 국가 예산 1,070조 원이라고 하는 것은, 다시 말해 이와 같은 비용이라고 생각하면 됩니다.

그것을 많다고 생각할지, 적다고 생각할지는 사람마다 다르겠지만, '1인당 평균값 변환'에 의해 '나에게 의미 있는 숫자'로 만들면 큰 숫자도 나에게 한층 가까워집니다.

이어서 도요타 자동차의 연 매출 270조 원을 살펴보겠습니다. 이것을 도요타 자동차의 사원 수로 '1인당 평균값 변환'해 봅시다. 270조 원이라는 숫자는 '연결 결산', 즉 도요타 자동차 본사뿐만 아니라 그룹 산하 회사도 포함한 결산 숫자입니다. 그러므로 사원 수도 그룹 산하 회사까지 포함하면 약 36만 명. 역시 일본 제일의 매출을 자랑하는 기업답게 종업원 수도 상당합니다. 이것을 1인당 평균값으로 계산해 보겠습니다.

• 270조 원 ÷ 36만 명 = 7억 5,000만 원

매우 큰 숫자이긴 하지만 압도적이라고 할 정도의 숫자는 아닙니다. 예를 들어, 일본에서 오피스 문구로 알려진 '아스쿨'은 연 매출이 약 4조 2,000억 원인 데 반해 종업원 수는 약 3,300명. 1인당 평균값으로 변환하면 10억 원이 넘습니다. 일반적으로 도매업은 제조업보다 1인당 매출액이 높습니다.

당신도 자사의 매출과 사원 수로 '1인당 매출액'을 계산해 보

십시오. 이런 감각을 익히면 큰 숫자도 훨씬 가깝게 다가올 것입니다.

다음의 예도 살펴볼까요?

숫자 중심 사고 '평균값 변환'은 큰 무기

> **Q** '아베노 마스크 예산 4,660억 원'이라는 기사를 읽고 아버지가 크게 화를 냈다.
>
> "이런 것에 4,600억 원이라는 엄청난 돈을 쓴다는 게 말이 돼?"
>
> 나도 이건 분명 문제가 있다고 생각하면서도 어느 정도의 낭비인지 감이 잡히지 않았다. 당신이라면 어떻게 설명할 수 있을까?

2020년 코로나19 사태로 인해 발생한 마스크 부족은 여러분의 기억에도 생생할 것입니다. 그런 상황에서 실시한 일본 국가 차원의 마스크 지급은 당시 아베 신조 일본 총리의 이름을 따서 '아베노 마스크'라고 불렸습니다. 그런데 늑장 대응과 마스크 구매 및 품질에 대한 비난이 일면서 '세금 낭비'라는 부정적 여론이

들끓었습니다.

그런데 잠깐, 4,600억 원을 1인당 평균값으로 환산해 볼까요? 마스크 예산 4,660억 원을 일본의 인구 약 1억 2,000만 명으로 '평균값 변환'해 보면, 1인당 약 3,900원 정도가 됩니다.

당시에는 마스크 부족이 본격화되는 시기여서 시중에서 마스크가 상당히 고가에 팔리고 있었습니다. 평소 마스크 50장 한 박스에 5,000원 정도였던 것이 3만 원까지 치솟았습니다. 사실 이런 상황에서는 아베노 마스크 비용이 그렇게 높은 것이 아닐 수 있습니다.

결국 아베노 마스크 문제는 비용이라기보다는 '속도'였다고 저는 생각합니다. 민간 마스크 업체들이 생각보다 빠르게 양산 체제를 갖추면서 비교적 품질이 떨어지고 지급도 늦어진 '아베노 마스크'에 대한 비판으로 이어졌다고 봅니다. 여러 나라와 비교해 봤을 때 일본인은 국가 예산 등의 큰 주제를 논하기를 꺼리는 경향이 있습니다. 그래서인지 정책을 평가하고 비판할 때도 객관적 사실에 근거하기보다는 아무래도 감정에 치우치는 경우가 있는 것 같습니다.

그래서 숫자를 좀 더 중심에 두고 생각했으면 합니다. 이때 '1인당 평균값 변환'이 아주 큰 무기가 될 것입니다.

좋은 회사를
어떻게 알아볼까?

매출을 보면 반사적으로 '1인당 평균값'으로

> **Q** 함께 도매업을 하고, 주력 상품도 꽤 겹치는 A사와 B사. A사는 매출 500억 원에 직원 수 50명, B사는 매출 1,000억 원에 직원 수는 120명이다. 그렇다면 어느 회사가 더 효율적으로 사업하고 있는 걸까.

이것도 즉시 직원 수로 '평균값 변환'해 봅시다. 변환하면, A사

숫자 감각의 힘

는 직원 1인당 매출이 10억 원, B사는 약 8억 3,000만 원입니다.

- A사 500억 원 ÷ 50명 = 10억 원
- B사 1,000억 원 ÷ 120명 = 8억 3,000만 원

매출을 '1인당' 숫자로 변환하면…

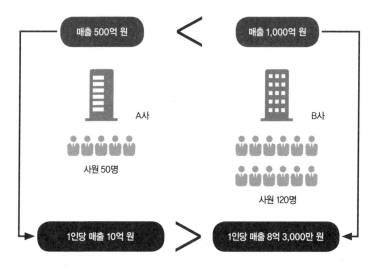

　'효율 좋은 사업'이란 자산을 얼마나 가지고 있는지, 고정자산
은 얼마나 되는지 등 다양한 것들을 고려해야 하기 때문에 1인당
매출이 많다고 해서 무조건 효율이 높다고 말할 수 있는 건 아닙
니다.

하지만 적어도 A사가 '적은 인원으로 많은 매출을 올리고 있다'는 것만은 확실합니다. 만약 업종, 업태뿐만 아니라 기타 조건도 A사, B사 거의 같다고 한다면, A사가 B사보다 경영이 잘 되고 있다고 볼 수 있을 것입니다.

그런데도 세상의 많은 사람들은 아직도 '매출 규모'로 기업의 가치를 파악합니다. '매출 500억 원의 기업보다 1,000억 원의 기업이 더 대단하다.' '1조 원이 넘는 기업은 더 대단하다.' 하지만 이것은 말하자면 큰 숫자에 대한 일종의 '사고 정지'와도 같습니다.

그러므로 큰 숫자를 보면 반사적으로 1인당 평균값으로 변환하는 습관을 가져야 합니다. 그것이 큰 숫자에 대해 '사고 정지'가 되지 않기 위한 방법입니다.

머리 회전이 빠른 컨설턴트는 숫자를 보는 순간 조건 반사적으로 1인당 평균값 변환을 합니다. 예를 들어 클라이언트 회사의 매출이 500억 원이고 직원이 100명이라면, 순간적으로 1인당 5억 원의 매출이라고 계산합니다.

그리고 만약 그 업계의 평균값이 그보다 높다면 잉여 인원이 있는 것은 아닌지, 업무의 효율화에 문제가 있는 건 아닌지 의문을 품습니다. 보다 세세한 숫자를 정밀히 조사하여 진짜 문제가 무엇인지 파악하기도 합니다.

숫자 감각의 힘

클라이언트에게 "어떻게 그렇게 짧은 시간에 문제점을 간파하십니까?"라는 말을 들을 때가 종종 있습니다. 물론 사전에 충실히 리서치하지만, 실은 간단한 평균값 변환을 하는 것만으로도 가설을 도출할 수 있는 경우가 의외로 많습니다.

매출과 비용, 최적의 균형 찾기

지금까지 주로 '1인당'에 대한 숫자를 다루어 봤는데, 그렇다고 평균값 변환이 인원수에만 국한되는 것은 아닙니다. '1사당', '1g당', '1시간당' 등 여러 가지로 응용할 수 있습니다.

그중에서도 소매 업계에서 자주 사용하는 것이 '평당', '1m^2당'의 평균값 변환입니다.

오프라인 점포가 있는 소매업에서 '가게의 크기'는 매우 중요합니다. 면적이 클수록 많은 상품을 진열·보관할 수 있고 많은 고객을 머물게 할 수 있지만, 그에 비례해서 임대료가 비싸지고 직원도 그만큼 늘려야 합니다. 그래서 매출과 비용 간의 최적의 균형을 찾는 것이 필요합니다.

예를 들어 체인 드러그 스토어가 있다고 합시다. 각 점포의 매출은 다음과 같습니다.

점포명	점포 면적(㎡)	월 매출(만 원)
A점	240	10,000
B점	320	14,000
C점	140	6,000
D점	250	13,000
E점	100	8,000
F점	350	15,000
G점	180	9,000

이것만 보면 매출이 큰 B점이나 D점, F점이 좋은 점포인 것
처럼 보입니다. 그러나 점포 면적으로 '평균값 변환'해 보면 전혀
다른 모습이 보입니다.

점포명	점포 면적(㎡)	월 매출(만 원)	1㎡당 매출(만 원)
A점	240	10,000	41.7
B점	320	14,000	43.8
C점	140	6,000	42.9
D점	250	13,000	52.0
E점	100	8,000	80.0

숫자 감각의 힘

F점	350	15,000	42.9
G점	180	9,000	50.0

이 숫자를 산출해야 비로소 점포 간 비교가 가능해집니다. 1 m^2당 매출을 보면 비로소 E점처럼 매출은 적어도 효율이 아주 좋은 점포가 보입니다. 효율이 좋은 점포에서 실시하고 있는 정책을 다른 점포에도 적용하면 전체 매출을 늘릴 수 있습니다. 슈퍼바이저의 능력을 보여줄 기회입니다.

'큰 건 좋은 거야'의 시대는 끝났다

덧붙이자면, 일본의 경제산업성이 공표하고 있는 상업 통계에 의하면, 일본 드러그 스토어의 매장 면적 1 m^2당 연간 평균 상품 판매액은 640만 원, 1개월당 평균 판매액은 약 53만 원입니다. 이런 평균값과 비교해 보는 것도 하나의 방법입니다.

그 외 업종의 매장 면적 1 m^2당 연간 평균 상품 판매액은 편의점이 1,500만 원, 백화점·슈퍼마켓이 630만 원입니다. 편의점이 얼마나 효율적으로 돈을 버는지 알 수 있습니다.

고도성장 시대에 기업은 오로지 '매출'을 추구했습니다. 그리고 자본금이 많은 회사, 매출이 많은 회사, 직원 수가 많은 회사를 '좋은 회사', '안정된 회사'로 여겼습니다.

그러나 지금은 다릅니다. 대기업조차 그 지위가 안정적이지 않고 오히려 규모가 큰 것이 개혁에 방해가 되기도 합니다. 심지어 매출의 굴레를 벗어나지 못해서 불법적인 일에 손을 대는 대기업도 있고요. '평균값 변환'을 사용해서 '큰 것은 좋은 것이다'라는 속박에서 해방되길 바랍니다.

차를 소유할까? 말까?
진짜 비용을 따져보자

Q 남편이 "자동차가 꼭 필요해"라고 말했다. 분명 자동차는 편리한 점이 많다. 하지만 비싸기도 하고, 유지비도 만만치 않다. 그래서 최근에 이용자들이 빠르게 늘고 있는 카셰어링을 제안해 봤지만, 남편은 역시 자신의 차를 소유하고 싶다고 고집을 꺾지 않았다. 이런 남편을 어떻게 설득하면 좋을까?

시간을 평균값 변환하면 비용이 보인다

자동차는 비싼 물건입니다. 경차라도 1,000만 원 남짓, 세단이라면 2,000만 원 이상은 생각해야 합니다. 게다가 보험료나 기름값, 세금도 만만치 않습니다.

그러나 그로 인해 얻을 수 있는 장점도 꽤 큽니다. 언제라도 원하면 좋아하는 장소에 갈 수 있고, 특히 아이가 어린 가정에서는 편리한 점이 많습니다. 또 대중교통이 불편한 시골에 거주한다면 차가 없는 생활이 여러 가지로 불편할 수 있습니다.

이 사례에서는 '카셰어링'이란 단어가 나오는데요. 카셰어링은 한 대의 차를 복수의 사람과 공유하는 서비스로, 기본요금 외에 사용할 때마다 이용료가 발생하는 것이 일반적입니다.

그렇다면 이 '비싼 쇼핑'을 해야 할지, 말아야 할지 고민할 때 도움되는 것이 무엇일까요? 바로 '시간에 의한 평균값 변환'입니다.

가령 2,000만 원짜리 자동차를 산다고 합시다. 구매한 차를 몇 년간 사용할 것인가는 물론 사람에 따라 다르겠지만, 일본의 세법상 신차의 감가상각은 보통 일반 자동차가 6년, 경차가 4년입니다. 어디까지나 세법상이지만, 구매한 차는 4~6년이 되면 가치가 제로가 된다고 볼 수 있습니다.

그럼, 예를 들어 자동차를 구매하여 5년간 사용했다고 합시다.

일단, 1년으로 평균값 변환해 보면 1년에 400만 원(2,000만 원 ÷ 5년)이 됩니다. 여기서 한 단계 더 들어가서, 1개월로 평균값 변환해 보면, 1개월당 30만 원이 조금 넘는 금액이 나옵니다.

• 400만 원 ÷ 12개월 = 33만 3,333.333……원

훨씬 구체적인 숫자가 되었습니다. 그런데 문제는 자동차에는 그 외에도 다양한 비용이 든다는 것입니다.

가장 먼저 떠오르는 것은 역시 기름값입니다. 1L에 $20km$를 가는 하이브리드 자동차라면, $50km$가량 드라이브했을 경우 기름이 2.5L 정도 필요합니다.

만약 기름값이 1L에 1,500원가량 한다면, 3,750원 정도 듭니다. 의외로 적은 금액입니다.

거기에 주차비나 고속도로 통행료 등이 추가되겠지만 이것도 그다지 큰 금액은 아닙니다. 한 번에 몇천 원 정도가 대부분입니다. 더욱이 쇼핑몰이나 마트에서 쇼핑한다면 주차비가 무료인 경우도 많습니다.

만약 매 주말 자동차로 외출하고 그 외 5일 정도 단거리 이동을 한다면, 한 달에 5만 원 정도면 충분하지 않을까 생각합니다.

문제는 월 주차료입니다. 일본 도심의 경우 10만 원을 훌쩍 넘는 곳도 있고, 지방의 경우는 거의 공짜나 다름없는 곳도 있습니다. 여기서는 도심 지역을 상정해서 주차비를 월 10만 원 정도로 해두겠습니다.

자동차세는 연간 30만~50만 원 정도 들고, 추가로 보험료도 들어갑니다. 월 주차료를 포함해 연간 대략 200만 원 정도의 비용이 듭니다.

이것을 '평균값 변환'을 활용해 월로 나눠보면 약 17만 원 정도입니다. 지금까지의 금액을 모두 더하면, 차를 샀을 경우 한 달에 들어가는 비용은 이렇습니다.

- 자동차 보유 비용 : 33만 원
- 기름값 등 운행비 : 5만 원
- 월 주차료, 세금, 보험료 등 : 17만 원
- 합계 : 55만 원

즉, 자동차를 산다는 것은 월 55만 원의 비용을 지불하는 것에 동의한다는 것입니다.

월 55만 원 vs 월 31만 원

그렇다면 카셰어링은 어떨까요. 일본 카셰어링 업체 중 가장 큰 회사인 타임스카의 요금을 살펴보겠습니다(2022년 1월 기준).

타임스카를 이용하기 위해서는 먼저 회원 등록을 해야 합니다. 월 기본요금은 8,800원입니다. 그리고 대여 요금으로 베이직 클래스 자동차가 15분에 2,200원, 즉 1시간에 8,800원입니다. 단, 4시간 45분 이상부터 6시간까지는 상한 요금 4만 2,900원이 적용됩니다.

기름값은 이용요금에 포함됩니다. 장시간 이용할 경우는 거리당 요금이 필요합니다. 예를 들어 8시간에 80*km*를 주행하면 6만 7,800원입니다. 사고가 났을 때 어느 정도 부담해 주는 안심 보상 서비스를 이용할지 말지는 자유입니다. 여기서는 안심 보상 서비스를 이용한다고 가정합시다. 그리고 앞에서 했던 것처럼 '월 4회 주말 드라이브(6~8시간)', '월 5회 단거리 대여 이용(1시간 30분)'으로 계산해 보면 이렇습니다.

- 월 기본요금 : 8,800원
- 주말 드라이브 요금 : 4만 2,900원 × 4 = 17만 1,600원
- 단거리 대여 요금 : 1만 3,200원 × 5 = 6만 6,000원

- 안심 보상 서비스 : 3,300원 × 4 = 1만 3,200원
- 목적지에서의 주차비, 고속도로 요금 :
  5,000원 × 4 = 2만 원
- 그 외 6시간 이상 이용했을 경우 초과 요금: 3만 원
- 합계 : 30만 9,600원

이것으로 논의의 바탕이 되는 숫자가 나옵니다. '월 55만 원으로 자동차를 구매할 것인가', '구매하지 않고 월 31만 원으로 자동차를 사용할 것인가'를 비교하여 어느 쪽을 선택할지 결정하면 됩니다. 첫 번째 질문으로 돌아가서, 아내는 이 비용의 차이를 보여주고 남편을 설득하면 될 것입니다.

때로 숫자는 감정을 흔드는 메시지

월 24만 원, 연간 약 300만 원의 비용 차이를 알게 되면 차를 좋아하는 저조차도 고민하게 될 것입니다. 사실 저는 자동차를 너무 좋아해서 대학생 때 자동차를 첫 구매했습니다. 지금도 생방송이나 유튜브 등을 통해 F1이나 인디카 모터스포츠의 거의 모든 경기를 체크합니다. 그런 저조차도 연간 300만 원의 차이는 정말

로 자동차를 보유해야 하는지 고민하게 만드는 금액입니다.

최근 MaaS^{Mobility as a Service}가 본격화되고 있습니다. MaaS란 철도, 버스, 택시, 공유 차량 등의 다양한 교통수단의 정보를 통합해서 사용자에게 최적의 루트를 제공하는 모빌리티 서비스입니다. 예를 들어 모바일 앱으로 경로를 검색하여 목적지까지의 교통수단을 예약, 결제하면 모든 교통수단을 자유롭게 이용할 수 있습니다. 우리는 이미 이런 세상에 살고 있습니다. 자동차를 소유하는 시대는 이미 끝나가고 있는지도 모르겠습니다.

운송량 대비 CO₂ 배출량(여객)

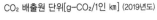

CO₂ 배출원 단위[g-CO₂/1인 km] (2019년도)

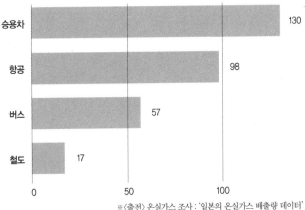

※⟨출전⟩ 온실가스 조사 : '일본의 온실가스 배출량 데이터'

또한 CO_2 배출량을 생각하면 자동차 구매·보유 비용 이전에 환경 문제가 걱정됩니다. 예를 들어 일본 국토교통부 홈페이지에서는 1km 이동으로 얼마만큼의 CO_2가 배출되는지 알기 쉬운 데이터가 게시되어 있습니다. 자동차의 경우, 1인 1km 이동으로 130g의 CO_2가 배출된다고 합니다. 버스를 이용했을 때보다 2.3배, 철도보다 7.6배 많은 양입니다. 비행기보다도 많은 CO_2가 배출됩니다.

평균값 변환으로 어떤 숫자를 나에게 가까운 숫자로 바꾸면, 그저 단순했던 숫자가 감정을 흔드는 메시지로 바뀌기도 합니다.

숫자 감각의 힘

보이지 않는
숫자를 보는 법

Q 전 세계에서 매장을 운영하고 있는 기업인 유니클로. 매장 수가 많아서인지 어느샌가 유니클로 제품만 사고 있다. 그래서 도대체 내가 얼마나 심한 유니클로 헤비 유저인지 알아보고 싶어졌다. 그러나 유니클로 홈페이지 어디를 찾아봐도 고객 1인당 매출 같은 데이터는 실려 있지 않았다. 그것을 알 수 있는 방법이 있을까?

'평균값 변환'은 추측할 때도 유용하다

'평균값 변환'의 힘은 숫자와 나를 관계있는 것으로 바꾸는 것에 그치지 않습니다. 예를 들어 위 문제와 같은 '추측'에도 사용할 수 있습니다.

이 경우는 먼저 유니클로의 연간 매출을 살펴봅니다. 이미 해외 매출이 일본 내 매출보다 훨씬 크지만, 일본 내 유니클로 사업의 연간 매출액만도 약 8조 4,260억 원이 됩니다(2021년 8월 기준 실적).

일본의 인구는 약 1억 2,000만 명입니다. 계산하기 어렵기도 하고 모든 사람이 유니클로를 이용할 수 있는 곳에 사는 것이 아니라는 점을 감안하여, 대략 1억 명으로 '평균값 변환'해 보겠습니다.

•8조 4,260억 원 ÷ 1억 명 = 84,260

그러면, 1인당 연간 8만 4,000원 정도가 됩니다. 유니클로의 상품 라인업의 폭이 넓지만, 만약 구매단가를 1만 5,000원으로 평균값 변환해 보면 다음과 같습니다.

• 8만 4,000원(1인당 구매액) ÷ 1만 5,000원(구매 단가) = 5.6

즉, 연간 1인 5~6개의 아이템을 구매하고 있다는 계산이 성립됩니다.

어디까지나 추측이기는 하지만, 2개월에 한 번 정도는 유니클로에 가서 1개의 아이템을 산다고 볼 수 있습니다. 또는 봄이나 가을처럼 계절이 바뀌는 때에 맞춰 한꺼번에 2~3개의 아이템을 사는 사람들의 모습을 상상해 볼 수 있습니다. 여름 전에는 디자인 티셔츠를, 겨울에는 히트텍 등의 방한 아이템을 살 것이라고도 생각해 볼 수 있겠네요.

물론, 이것은 어디까지나 추측에 지나지 않습니다. 숫자도 임의로 계산한 것뿐입니다.

다만, 상정한 고객 수 1억 명은 약간 많다고 생각해서, 예를 들어 8,000만 명으로 계산하면, 연간 구매 아이템이 7개가량 됩니다. 조금 전의 계산에서는 5~6개였으니까 크게 차이는 없습니다.

유니클로의 일본 내 앱 회원이 3,000만 명을 돌파했다고 합니다. 그 숫자의 약 2.5배인 8,000만 명이 고객이라는 것은 그다지 위화감이 없는 숫자라고 생각합니다.

유니클로를 평균값 변환하면…

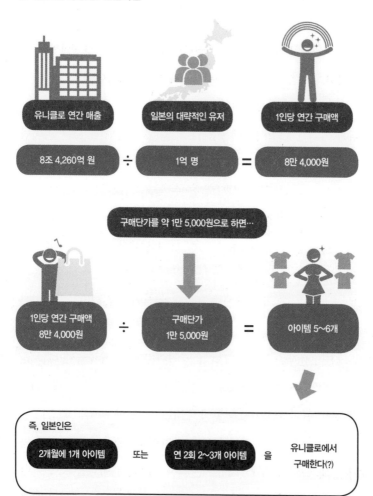

유니클로 연간 매출
8조 4,260억 원 ÷ 일본의 대략적인 유저
1억 명 = 1인당 연간 구매액
8만 4,000원

구매단가를 약 1만 5,000원으로 하면…

1인당 연간 구매액
8만 4,000원 ÷ 구매단가
1만 5,000원 = 아이템 5~6개

즉, 일본인은

2개월에 1개 아이템 또는 연 2회 2~3개 아이템 을 유니클로에서 구매한다(?)

숫자 감각의 힘

그렇다면 다시 앞에서 제시한 문제로 돌아가 봅시다. 만약 당신이 연간 유니클로 아이템 5~7개가량을 쇼핑한다고 하면, 아마도 '지극히 일반적인 유저'일 것입니다. 한편, 거의 매월 1개를 구매하고 단가도 1만 5,000원 정도 혹은 그 이상이라면, '헤비 유저'일 가능성이 높습니다.

이 숫자에 대해서 '완전히 빗나갔다'라고 비판하는 사람도 있을 수 있습니다. 물론 실제 숫자와는 크게 차이가 날지도 모릅니다. 그러나 이렇게 '평균값 변환'해 봄으로써 '그렇다면 어디가 빗나갔는지'를 이야기해 볼 수 있는 토대를 마련할 수 있습니다. 그것이 중요합니다.

예측이 어려운 수치는 '페르미 추정'

'페르미 추정'이라는 말을 들어본 적이 있나요?
정확하게 파악하기 힘들거나 예측이 어려운 수치에 대해 논리적 사고를 이용하여 대략적인 근사치를 추정하는 것으로, 이탈리아 출신의 물리학자이자 노벨상 수상자이기도 한 엔리코 페르미가 제안한 방식입니다. 페르미 추정은 컨설팅 회사의 입사 시험에 사용되면서 더욱 유명해졌습니다.

잘 알려진 시험 문제로는 '시카고에 피아노 조율사는 몇 명 있을까?'라는 물음입니다.

답을 찾는 방법은 여러 가지가 있겠지만, 페르미 추정을 활용하여 답을 찾으면 다음과 같습니다. 예를 들어 먼저 시카고의 인구를 300만 명 정도로 추정하고, 1가구의 구성원을 평균 3명 정도로 가정합니다. 그리고 피아노가 있는 집은 평균 5가구 중 1가구라고 생각하면, 시카고의 피아노 수는 20만 대로 추정할 수 있습니다.

거기에 피아노 조율을 평균 1년에 1회로 가정합니다. 조율사가 하루에 조율할 수 있는 건수가 평균 3건으로, 이것을 연 250일 일한다고 했을 때, 1년에 750건이 가능합니다.

20만 대의 피아노에 대한 1인 750건이면,

• 200,000 ÷ 750 = 270

즉, 시카고에는 피아노 조율사가 270명 있다. 이와 같은 추측이 가능해집니다.

숫자 감각의 힘

'답이 없는 물음'에 대해 '답을 찾는 능력'

페르미 추정으로 알고 싶은 것은 그 결과의 정확성이 아닙니다. 논리의 절차를 만들어서 생각할 수 있느냐가 핵심입니다. 그리고 여기서 사용되는 방법도 역시 '평균값 변환'입니다.

어떤 숫자도 인터넷 검색으로 단번에 알아볼 수 있는 시대입니다. 그러나 지금 정말로 필요한 것은 인터넷 검색으로 나오지 않는, '답이 없는 물음에 대해 답을 찾는 능력'입니다.

그러기 위해서는 가설을 만들어 '이게 아닐까'라는 수치를 찾아내는 능력이 꼭 필요합니다. '평균값 변환'은 그 첫걸음입니다.

평균의 함정,
숫자의 왜곡

'평균값 변환'이 결코 만능은 아니다

지금까지 평균값 변환의 유용함에 대해 살펴보았습니다. 그런데 평균이 결코 만능은 아닙니다.

다음 질문에 대해 당신은 어떻게 답하겠습니까.

Q 얼마 전 TV를 보고 있는데, 한 다이어트 보조식품을 복용한 5명의 체험자가 그 효과를 이야기하는 광고가 나왔다. 그 광고에 따르면 보조

숫자 감각의 힘

식품을 복용한 결과, 사용자 전원의 체중이 평균 5kg 빠졌다고 한다.

'효과가 있을 것 같다'고 생각함과 동시에, 문득 '정말 효과가 있을까?'라

는 의문이 머리를 스쳤다. 효과가 있을 것 같으면서도 왠지 의심이 든다.

당신이라면 이 물음표를 어떻게 설명할 수 있을까?

이런 광고는 정말 흔하게 볼 수 있습니다. '정말일까?'라고 생각하면서도 계속해서 같은 광고를 보다 보면 점점 갖고 싶어지는 것이 인간의 본성입니다.

그러면 그 의심의 정체를 파헤쳐 봅시다. 5명의 체중 증감이 다음과 같다고 합시다.

- A 씨 -4kg
- B 씨 -3kg
- C 씨 -6kg
- D 씨 -5kg
- E 씨 -7kg

- 4kg + 3kg + 6kg + 5kg + 7kg = 25kg

  25kg ÷ 5명 = 5kg

평균은 -5kg입니다.

이러면 확실히 '모두 체중이 줄었네'라는 느낌을 받을 수 있을 것입니다.

그러나 만약 5명의 체중 증감이 다음과 같았다면 어떨까요.

- A 씨 +1kg
- B 씨 -7kg
- C 씨 +2kg
- D 씨 -4kg
- E 씨 -17kg

E 씨가 17kg이라는 어마어마한 감량을 한 반면, 오히려 체중이 늘어난 사람이 2명이나 있습니다. 그런데 계산해 보면 이것도 평균은 앞의 경우와 똑같은 '-5kg'입니다. 같은 평균 -5kg이라도 개개인의 상황은 전혀 다르다는 것을 알 수 있습니다. 그렇습니다. 샘플이 적으면 평균은 왜곡될 수 있습니다.

그렇다면 도대체 어느 정도의 샘플이 있어야 하는 걸까요. 이에 대해서는 '숫자 전략 5' 파트에서 자세히 이야기하도록 하겠습니다.

숫자 감각의 힘

평균값에 의한 판단이 왜곡될 때

그럼, 다음과 같은 문제를 생각해 봅시다.

> **Q** 주택 판매 업체에서 영업을 담당하고 있는 나. 고객의 평균 연봉을
> 계산해 보면 대략 7,000만 원 정도여서 연봉 7,000만 원인 사람들에게
> 맞는 새로운 서비스를 시작했지만, 전혀 반응이 없었다. 무엇이 문제일
> 까?

이 문제를 풀기 위해서 앞에서 언급했던 다음 사례를 다시 떠
올려 보십시오.

• 당신은 주택 판매 업체의 판매 담당자이다. 오늘 6명의
  고객이 상담하러 왔다. 고객 각각의 연봉은 3,000만 원,
  4,000만 원, 4,000만 원, 9,000만 원, 1억 원, 1억 2,000만
  원이었다. 오늘 방문한 고객의 평균 연봉은 얼마일까?

이 예에서 평균값은 7,000만 원이었습니다. 그러나 예시에서

보이는 대로 실제로는 연봉 7,000만 원인 사람이 한 명도 없습니다. 만약 이 데이터를 기준으로 '연봉 7,000만 원인 사람들을 위한 서비스를 개시하자'라고 생각했다면 어떻게 될까요.

연봉 7,000만 원인 사람들을 위한 서비스는 어쩌면 연봉 3,000만~4,000만 원인 사람에게는 조금 비싸게 느껴질 것입니다. 하지만 연봉 1억 원인 사람에게는 그다지 매력적으로 보이지 않을 것이 분명합니다.

다시 말해, 편향된 데이터에서 도출된 평균을 바탕으로 비즈니스 플랜을 세우면 예상치 못한 함정에 빠질 수 있다는 것입니다.

세상에는 평균값이 넘쳐나지만, 만약 평균값을 봤다면 반드시 '그 숫자는 어느 한쪽으로 치우쳐 있지 않은지', '샘플 수는 충분한지' 등을 살펴보는 습관을 지녀야 합니다. 그것이 '숫자에 속지 않기' 위한 가장 확실한 트레이닝입니다.

숫자 감각의 힘

내 연봉이 왜
평균보다 낮을까?

Q 얼마 전, 인터넷 뉴스에서 연봉에 대한 통계 조사를 봤더니, 30대 초반인 나의 연봉(4,200만 원)이 동 세대 남성의 평균 연봉보다 낮다는 걸 알게 되었다. 솔직히 평균보다는 약간 높을 것으로 생각했기 때문에 충격이 컸다.

다만, 내 주변을 살펴보면 그렇게 차이가 없는 것 같다는 생각이 든다. 나는 과연 '패자'인 걸까.

'연봉'에 대한 이야기는 모두 관심이 높습니다. 인터넷 뉴스는 물론, 광고에도 '연봉'이라는 단어가 보이면 자신도 모르게 클릭하게 된다는 사람이 적지 않을 겁니다.

일본인의 평균 연봉에 대해서는 몇 가지 데이터가 있지만, 국세청에서 발표한 '2020년도 민간 급여 실태 통계조사'에 의하면 평균 연봉은 약 4,330만 원입니다. 연령별로 살펴보면, 30대 초반 남성은 4,580만 원, 30대 후반은 5,180만 원입니다. 사례에 나오는 사람이 남성이라고 가정한다면, 그의 연봉은 평균보다 400만 원 정도 낮습니다.

그러나 주변 사람들과 비교해 봤을 때 연봉 4,200만 원이 '평균보다 낮다'라는 것이 아무래도 이해가 가지 않았기에 충격을 받았습니다. 결론부터 말하자면, 이 사람의 느낌은 옳았습니다.

평균값보다 중앙값이 적절할 때

앞에서 샘플 수가 적으면 평균의 의미가 없다고 말했습니다. 그러나 '민간 급여 실태 통계조사'는 국가에서 시행하는 조사이기 때문에 샘플 수는 충분할 것입니다.

이 케이스는 또 다른 문제점인 '숫자가 한쪽으로 너무 치우쳐 있으면 평균의 의미를 잃는다'라는 것에 해당합니다. 이런 경우 도움이 되는 것이 '중앙값'입니다. 중앙값을 설명하기 위해 좀 더 적은 수의 주변 케이스를 생각해 봅시다.

최근 일하는 방식에 대한 변화의 물결도 밀려오고 있고, 근로 자들의 잔업시간이나 유급휴가 소화율을 고민하는 기업이 늘고 있습니다. 여러분의 회사에서도 어쩌면 '유급휴가 소화율 ○○% 를 달성하자'라는 목표를 가지고 있을지도 모릅니다.

여기에 멤버 9명의 팀이 있고, 그들에게 주어진 유급휴가 일 수가 10일이라고 합시다. 회사에서 원하는 목표는 소화율 50%. 즉, 1인당 5일을 쓰면 됩니다. 그리고 기말에 집계했을 때 결과가 딱 50%가 되었다고 합시다. 목표가 달성되어서 다행이라 생각했 습니다.

그런데 잠깐 생각해 보십시오. 만약 그중에 '그 해의 유급휴 가만이 아니라 지금까지 누적된 유급휴가를 모두 사용한 사람'이 있다면 어떻게 될까요. 이런 느낌입니다.

- A 씨 5일, B 씨 2일, C 씨 0일, D 씨 0일, E 씨 8일, F 씨 20 일, G 씨 5일, H 씨 2일, I 씨 3일

이것을 계산하면, 평균 유급휴가 소화 일수는 5일입니다.

다만, 다시 지적할 필요도 없이 뭔가 이상하다는 느낌을 받았을 것입니다. 유급휴가 소화일이 0일인 사람이 있는 반면, 20일씩이나 유급휴가를 쓴 사람이 있기 때문입니다.

이런 경우, 극단적인 숫자를 제외하고 평균값을 내는 방법도 있습니다. 피겨스케이팅 채점에서는 최고 점수와 최저 점수를 빼고 점수를 매기는데, 이것도 같은 방식입니다.

그러나 그렇게 되면 '무엇이 극단적인 숫자인가'라는 판단은 결국 그 사람의 주관에 의해 결정하게 됩니다.

이 경우처럼, 보다 체감하기 쉽고 상황을 잘 반영한 정확한 숫자를 얻고 싶을 때 '중앙값'을 계산합니다.

중앙값이란 모든 사람을 나열했을 때 그들의 한가운데 있는 사람의 수치를 나타낸 것입니다. 이 사례의 팀은 9명으로 이루어져 있기 때문에 '앞에서도, 뒤에서도 5번째'에 해당하는 사람을 가리킵니다.

이 경우, 중앙값은 '3'이 됩니다. 그러면 유급휴가 소화율은 30%가 되고요. 이 값이 오히려 피부에 와닿는 수치가 아닐까 생각합니다.

애초에 누군가가 극단적인 숫자를 만들 가능성이 있을 때는

평균값과 중앙값

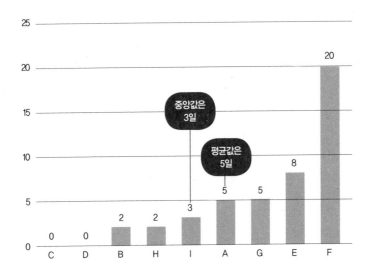

목표를 '평균값'으로 정하면 안 됩니다.

참고로 일본에서는 근로기준법 개정에 따라 2019년 4월 1일 이후, 직원이 연 5일의 유급휴가를 사용하지 않으면 기업에 페널 티가 부과됩니다. 만약 직원 전체의 유급휴가 평균이 5일이라 하 더라도 5일 미만인 사람이 한 명이라도 있으면 안 되는 겁니다.

즉, 이 사례의 목표는 사실 평균값도 중앙값도 아닌, '5일'이라 는 명확한 숫자로 정해야 하는 것입니다.

두 가지를 구분해 사용할 수 있다면

그럼 처음에 말했던 '일본인의 평균 연봉'으로 돌아가 봅시다. 사실 연봉이나 자산은 편차가 큽니다.

'세상 부의 절반 가까이를 세계 인구의 겨우 1% 부유층이 차지하고 있다'라는 이야기는 들어본 적이 있을 것입니다. 이 수치의 신빙성에 대해서는 여러 설이 있습니다만, 세상의 부가 소수의 사람에게 편중되어 있다는 것은 아마도 많은 이들이 공감할 것입니다. 그리고 해를 거듭할수록 그 격차가 커지고 있다는 것을 실감하고 있는 사람이 많을 겁니다.

엄밀히 말하면 부(자산)와 연봉(수입)은 다르지만, 여기에도 큰 격차가 있는 것은 사실입니다. 그 때문에 연봉의 평균값을 계산해 보면 어쩔 수 없이 체감하고 있는 것보다 높은 것을 느낄 수 있습니다.

그래서 일본인 남성 연봉의 '중앙값'을 살펴보도록 하겠습니다.

- 30대 초반 : 3,300만 원
- 30대 후반 : 3,670만 원

숫자 감각의 힘

즉, 일본인 30대 초반의 남성을 연봉 순으로 줄 세웠을 때, 한 가운데 있는 사람의 연봉은 3,300만 원이라는 것입니다. 앞에서 제시한 사례에 나온 사람의 연봉 4,200만 원은 평균값 이하이긴 해도, 중앙값의 순서상으로 보면 '절반보다 위'에 해당한다고 봐야 합니다.

'승자'나 '패자'라는 말을 그리 좋아하지는 않지만, 만약 한가운데 있는 사람보다 위를 승자로, 그보다 아래에 있는 사람을 패자라고 한다면, 연봉 4,200만 원은 승자가 되는 것입니다.

대략 전체적인 그림을 파악할 때는 '평균값' 변환을 사용합니다. 그 결과에 위화감을 느낀다면 '중앙값'을 체크함으로써 보다 얻고 싶은 숫자에 가까워질 수 있습니다.

이렇게 평균값과 중앙값을 구분해서 사용할 수 있다면, 훨씬 정확한 데이터를 깊이 있게 살펴볼 수 있을 것입니다.

◆ '국가 예산 1,070조 원', '기업 연 매출 270조 원' 등 세상에는 상상할 수 없을 정도로 거대한 숫자가 넘쳐난다. 큰 숫자에 약하다면 '1인당 평균값 변환'이 큰 무기가 된다.

◆ 평균값 변환은 '큰 숫자'를 '나에게 의미 있는 숫자'로 만드는 기술이다.

◆ 평균값은 '1인당'처럼 인원수에만 국한되는 것은 아니다. '1g당', '1시간당', '평 당' 등의 단위도 유용하다.

◆ '평균값 변환'은 추측에도 유용하다. 추측으로 얻은 숫자는 실제 숫자와는 차이가 날 수 있지만, 덕분에 어떤 추측이 빗나갔는지 이야기할 토대를 마련해 준다.

◆ '페르미 추정'은 정확하게 파악하기 힘들거나 예측이 어려운 수치에 대해 논리적 사고를 이용하여 대략적인 근사치를 추정하는 것이다. 페르미 추정으로 알고 싶은 것은 그 결과의 정확성이 아니다. 논리의 절차를 만들어서 생각할 수 있느냐가 핵심이다.

◆ 이 시대에 필요한 것은 인터넷 검색으로 나오지 않는, '답이 없는 물음에 대해 답을 찾는 능력'이다. 그러기 위해서는 가설을 만들어 '이게 아닐까'라는 수치를 찾아내는 능력이 꼭 필요하다. '평균값 변환'은 그 첫걸음이다.

◆ 평균값을 구했다면 반드시 '그 숫자는 어느 한쪽으로 치우쳐 있지 않은지', '샘플 수는 충분한지' 등을 살펴보는 습관을 지녀야 한다. 그것이 숫자에 속지 않기 위한 확실한 트레이닝이다.

◆ 평균값보다 중앙값이 적절할 때가 있다. 중앙값이란 모든 사람을 나열했을 때 그들의 한가운데 있는 사람의 수치를 나타낸 것이다.

◆ 전체적인 그림을 파악할 때는 '평균값', 그 결과에 위화감을 느낀다면 '중앙값'을 체크하면, 보다 얻고 싶은 숫자에 가까워질 수 있다.

숫자 전략 ③

THE
SENSE
NUMBE

'확률'을 모르면 게임을 이길 수 없다

: 기댓값 계산법과 시나리오 플래닝

무슨 일이든 성공 확률이 어느 정도인지를
생각한 다음에 행동해야 합니다. 성공 확
률이 낮은 것에 걸고 행동하면, 어쩌다 처
음에 요행으로 성공하더라도 결국은 그 일
에 합당한 확률 수치로 돌아가게 되어 있
습니다. 특히 비즈니스는 도박이 아닙니
다. 길게 일하기 위해서는 처음에 반드시
확률을 따져봐야 합니다.

세상의 모든 것은 '확률'로 움직인다

> **Q** 동전 던지기를 2회 해서 2회 모두 앞면이 나오면 1,000원을 받는 게
> 임을 하겠습니다. 게임에 이길 확률은 얼마나 될까요?

횟수가 늘어날수록 모든 것이 확률대로

또 너무 단순한 문제라서 미안합니다. 이것도 나중에 반전이 있는 문제가 아니기 때문에 그냥 평범하게 계산하면 됩니다.

- 1회째 앞면이 나올 확률 $1 \div 2 = 50\%$
- 2회째 앞면이 나올 확률 $1 \div 2 = 50\%$
- 2회 모두 앞면이 나올 확률 $50\% \times 50\% = 25\%$

답은 25%. 즉 4회에 한 번꼴로 게임을 이길 수 있습니다.

그렇다고 해서 이 게임을 4회 연속하면, 반드시 한 번 이긴다는 보장은 없습니다. 한 번도 이기지 못할 수도 있고, 두 번 또는 세 번, 혹은 네 번 다 이길 수도 있습니다.

그러나 게임을 반복하면 할수록 25%라는 확률에 가까워질 것입니다. 아마도 1만 번 정도 반복하면, 게임에 이기는 횟수는 4분의 1인 2,500회에 틀림없이 가까워질 것입니다.

여기서 말하고 싶은 것은, 세상 대부분의 일은 이런 통계적인 규칙에 기초해서 움직인다는 사실입니다. 얼핏 보면, 랜덤처럼 보일지 모르지만 횟수를 거듭하면 할수록 일정 확률에 가까워져 갑니다. 이것을 '대수의 법칙'이라고 말합니다.

그 성공은 '요행'이 아닐까? 기댓값을 찾아내다

여기에서 얻을 수 있는 교훈이 두 가지 있습니다.

첫째, 무슨 일이든 성공 확률이 어느 정도인지를 생각한 다음에 행동해야 한다는 것. 성공 확률이 낮은 것에 걸고 행동하면, 어쩌다 처음에 요행으로 성공하더라도 결국은 그 일에 합당한 확률 수치로 돌아가게 되어 있습니다.

비즈니스는 도박이 아닙니다. 길게 일하기 위해서는 처음에 반드시 확률을 따져봐야 합니다.

둘째, 처음에는 예상한 대로 진행되지 않아도 초조해하지 않아야 한다는 것. 확률이 50%인 동전 던지기에서도 앞면만, 또는 뒷면만 3회, 4회 연속으로 나올 수 있습니다. 확률적으로는 3회 연속으로 같은 면이 나올 확률은 12.5%, 4회 연속은 6.25%. 결코 드문 숫자가 아닙니다.

그러나 사람은 실패를 거듭하면 불안에 빠지게 됩니다. 조금만 열심히 하면 성과가 나올 수 있는 상황인데도 포기하고 맙니다. 너무 아깝고 안타까운 일입니다.

여기서 한 가지 기억했으면 하는 단어가 있습니다. 바로 '기댓값'입니다. '한 번의 시도로 일어날 확률적 가능성'을 어떤 값으로 나타낸 것입니다.

앞선 게임은 동전 던지기를 2회 해서, 2회 연속으로 앞면이 나오면 1,000원을 받는다는 규칙이 있었습니다. 그 이외의 경우는 0원입니다.

- 2회 연속으로 앞면이 나올 확률 25% × 1,000원 = 250원

이 게임의 기댓값은 '250원'이 됩니다. 또한 '이 게임에 도전하면 250원을 얻을 수 있다'라는 예측을 할 수 있습니다.

처음에는 1,000원을 연속으로 받거나, 반대로 오히려 0원이 연속으로 나올지도 모릅니다. 그러나 하면 할수록 받는 돈의 평균값은 250원에 가까워질 것입니다.

만약, 이 게임의 참가비가 '200원'이라면 어떻게 될까요. 게임을 하면 할수록 많은 돈을 얻을 수 있습니다. 한편, 참가비가 '300원'이면 하면 할수록 돈을 잃게 되는 구조입니다. '그건 당연한 거잖아'라고 생각할지 모르지만, 숫자가 복잡해질수록 기댓값은 보이지 않게 됩니다.

도박에서 돈을 딸 수 없는 이유

다음으로 주사위를 사용한 도박을 생각해 봅시다. 주사위를 던져서 나온 숫자에 10만 원을 곱한 금액을 받는 도박이 있다고 합시다. 1이 나오면 10만 원, 2가 나오면 20만 원, 6이 나오면 60만 원입니다.

주사위는 기계를 사용해 돌리기 때문에 속임수는 없습니다. 주사위의 눈이 나올 확률은 각각 6분의 1. 기댓값의 계산은 이렇게 됩니다.

• $1/6 \times$ 10만 원 + $1/6 \times$ 20만 원 + $1/6 \times$ 30만 원 + $1/6 \times$ 40만 원 + $1/6 \times$ 50만 원 + $1/6 \times$ 60만 원 = 35만 원

$1/6 \times$ 10만 원은 '1이 나온 경우', $1/6 \times$ 20만 원은 '2가 나온 경우'를 나타냅니다. 이들 숫자를 전부 합치면 기댓값을 산출할 수 있습니다. 그래서 기댓값은 '35만 원'입니다.

다시 말해, 만약 이 도박의 참가비가 30만 원이라면, 도박을 계속할수록 확실히 돈을 벌 수 있게 됩니다(도중에 가지고 있는 돈이 떨어지면 어쩔 수 없지만). 한편, 참가비가 36만 원이면 처음에 돈을 따더라도 하면 할수록 손해를 보는 구조가 됩니다.

참고로 세상의 거의 모든 도박은 '투자 금액보다도 기댓값이 낮은' 구조로 만들어져 있습니다. 이것은 당연한 것이겠지요? 기댓값보다도 투자 금액이 적은 도박이 있다면 누구나 얼마든지 돈을 딸 수 있게 되니 결국 운영할 수 없게 됩니다.

그렇다면 왜 사람들은 도박을 하는 걸까요. 그것은 '돈을 딸지도 모른다'라는 두근거림을 사는 것입니다. 진짜 도박이라면 적은 확률에 기대를 걸고 꿈을 좇는 것도 좋을지 모르지만, 비즈니스에서 그것은 금기사항입니다. 비즈니스는 빈틈없이 확률을 계산하고 그것에 기초해서 진행해야만 합니다. 그 결과에 따라 회사나 이해 관계자, 혹은 세상에 큰 피해를 줄 수 있기 때문입니다.

기댓값을 비즈니스에 활용하기 위해서는

기댓값을 비즈니스에 활용하기 위해서는 어떤 방법이 있을까요. 다음 질문을 생각해 봅시다.

> **Q** 자동차 회사에서 마케팅을 담당하고 있는 A씨. 예산 내에서 어떤 광고 캠페인을 할 것인지에 대해 팀원들과 논의하고 있다. TV 광고는 과

숫자 감각의 힘

거의 경험상 크게 실패하는 일이 많지 않아서 최고 1억 원, 최악일 경우에도 5,000만 원의 광고 효과를 기대할 수 있다.

한편, 최근에는 인터넷 광고에 관심이 집중되고 있다. 지금까지 했던 인터넷 광고의 확률은 반반 정도였지만, 성공하면 상당한 효과가 있는 것이 특징이다. 광고 효과는 최대 2억 원, 다만 실패하면 TV 광고보다 낮은 3,000만 원 정도가 될 수도 있다.

사내에서는 이것도 아니고, 저것도 아니라며 논의가 계속되었다. 과연 어떻게 결정하는 것이 좋을까?

그러면 바로 기댓값을 계산해 봅시다. 여기서 광고 효과는 광고에 의한 매출 상승 효과(광고로 인해 발생하는 매출)라고 생각하면 이해하기 쉽습니다.

예를 들어 특가로 이 상품을 살 수 있다고 광고한다면 그것을 TV 광고로 알릴지, 인터넷 광고로 알릴지를 우선 고민해야 합니다.

TV 광고는 '크게 실패하는 일이 적다'는 전제하에 만약 '성공률 75%'라고 생각해 봅시다. 성공하면 1억 원, 실패하면 5,000만 원의 매출 증가가 기대된다고 가정해서 계산해 보도록 하겠습니다.

• 1억 원 × 75%(성공 확률) + 5,000만 원 × 25%(실패 확률)
  = 8,750만 원

한편, 인터넷 광고는 '반반'이라는 전제하에 성공과 실패 모두 50%로 계산합니다. 그러면 다음과 같은 계산이 나옵니다.

기댓값 계산법

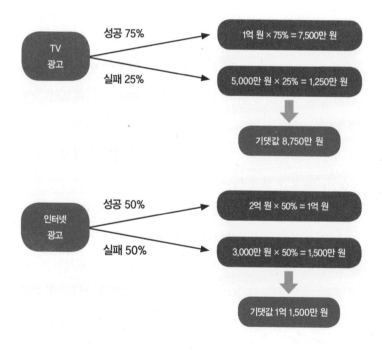

숫자 감각의 힘

- 2억 원 × 50%(성공 확률) + 3,000만 원 × 50%(실패 확률)
  = 1억 1,500만 원

이처럼 '기댓값'만 본다면 인터넷 광고에 손을 들어주게 됩니다. 또 기댓값이라는 구체적인 금액이 보이면, 이 광고에 얼마까지 예산을 쓸 수 있는지가 보입니다. 이처럼 광고 비용, 특가 설정 등 예산을 구분하여 생각할 필요가 있습니다.

'확률'이 논의의 시작점이 된다

여기서 제시한 확률은 어디까지나 가정이며, 얻을 수 있는 광고 효과도 물론 추정입니다. '성공하면 1억 원, 실패하면 5,000만 원'처럼 단순하게 나눌 수 있는 것이 아니며, 결과가 그 중간에 해당할 때도 많을 것입니다.

그러나 여기서 중요한 것은 '논의할 베이스를 만드는 것'입니다. 가정이어도 좋으니 구체적인 확률과 숫자를 도출해 보면 논의가 진행되게 됩니다.

예를 들어 숫자를 보고 "TV 광고의 성공률은 조금 더 높다. 85%는 된다"라고 주장하는 사람이 있다고 칩시다. 이 주장에 따라 계산해 보면 다음과 같습니다.

- 1억 원 × 85%(성공 확률) + 5,000만 원 × 15%(실패 확률)
  = 9,250만 원

이 경우도 인터넷 광고가 효과 높다는 계산이 나옵니다.

한편으로 '인터넷 광고가 성공했다고 해도 소위 입소문은 겨우 다섯 번에 한 번 정도일 것이다'라고 주장하는 사람이 있다고 칩시다. 이 경우, 예를 들어 '입소문이 돌았을 때는 2억 원', '작은 성공일 때는 1억 2,000만 원'으로 계산해 봅니다.

- 2억 원 × 10%(5회에 1회의 입소문 × 성공 확률 50%) + 1억 2,000만 원 × 40%(5회에 4회의 작은 성공 × 성공 확률 50%) + 3,000만 원 × 50%(실패 확률) = 8,300만 원

이번에는 TV 광고가 기댓값이 높다는 계산이 나옵니다.

이러한 숫자가 없으면 'TV 광고가 좋다', '아니다. 앞으로는 역시 인터넷 광고다'라는 느낌이나 기호만으로 주장하는 불필요한 논쟁이 계속됩니다. 가정이라도 좋으니 확률을 생각하여 기댓값을 계산함으로써 논의의 시작점을 만들 수 있습니다.

'확률'로
시나리오를 짜면

Q 당신은 자동차 회사의 마케팅 담당자이다. 신차 판매 대수를 2,000 대 늘리라는 지시가 내려와, 그에 맞는 마케팅 계획을 세워서 상사에게 가지고 갔다. 그에 대해 걱정이 많은 상사는 "확실히 괜찮은 거지?"라며 몇 번이고 확인한다. 완벽히 확실한 경우는 있을 수 없는데……. 과연 어떻게 답하는 것이 정답일까.

비즈니스뿐만 아니라, 세상에는 100% 확실한 것은 없습니다.

그런데도 "확실한 거지?", "정말 가능하지?"라고 몇 번이고 확인하고 다짐하는 상사가 너무나 많습니다.

그러나 그것을 한탄해 보았자 소용없습니다. 이것도 숫자를 근거로 하여 답해보도록 합시다.

낙관도 비관도 '시나리오 플래닝'으로

여기서 쓸 수 있는 것이 '시나리오 플래닝'입니다.

앞에서 광고 효과가 어느 정도 있는가에 대해서 대략 확률을 도출하여 그 기댓값을 계산했습니다. 기본적인 사고법은 이것과 같습니다.

예를 들어, 경험상 '상당히 잘되는' 방법이 있다고 합시다. 그 '상당히'가 몇 퍼센트인지 수치화합니다. 과거의 비슷한 방법을 찾아보는 것도 도움이 됩니다. 어느 정도는 '감'으로 결정한다고 하더라도 문제 되지 않습니다. 만약 '10회에 8회 정도는 성공한다'라고 예상이 되면 '성공 확률은 80%'가 됩니다.

이 경우, 자신이 세운 마케팅 계획의 성공률이 어느 정도인지 객관적인 관점으로 수치화해 봅니다. '상당히 높은 확률로 잘된다', '반반', '조금 어렵다' 등의 정성적인 전망밖에 안 된다면, 대략이라도 좋으니 일단 수치화해 봅시다.

여기서 만약 '성공 확률 70%, 실패 확률 30%'라고 해봅시다. 포인트는 한 단계 앞까지 시나리오를 그려 두는 것입니다.

아래의 그림을 봐주십시오. 먼저 이렇게 '낙관 시나리오'와 '비관 시나리오'로 나눕니다. 낙관 시나리오는 말하자면 성공 시나리오입니다. 계획한 2,000대나 그 이상의 판매 대수를 달성한 미래입니다. 여기에 이를 확률은 70%입니다.

신차 판매 캠페인 시나리오

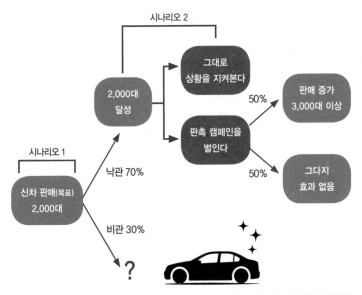

※ 의사 결정과 운에 좌우되는 사항은 구별한다

한편, 비관 시나리오는 목표에 전혀 도달하지 못한 안타까운 미래입니다. 이 미래는 30%의 확률로 찾아옵니다.

중요한 것은 여기서부터입니다. 낙관과 비관, 각각의 시나리오에서 '그 미래'를 생각해 두는 것입니다.

무리 없이 낙관 시나리오를 향해 갈 경우 그대로 방치해도 괜찮지만, 또 다른 판촉 캠페인을 벌이는 것도 하나의 방법입니다. 이 경우, 이번에는 50%면 성공한 것으로 생각하고 '3,000대 이상 달성'과 '그다지 효과 없음(2,000대에서 변함없음)'이라는 시나리오로 나눕니다.

그보다 중요한 것은 '비관 시나리오' 쪽입니다.

사람은 성공하는 것보다 실패하는 것을 두려워하는 경향이 있습니다. 조직도 똑같습니다. 성공보다도 실패에 반응하는 것이 조직이라는 것입니다.

잘 진행될 때는 아무런 간섭도 하지 않는데, 막상 먹구름이 낄 것 같은 조짐이 보이면 "어떻게 할 거야?", "책임질 수 있어?"라고 설명을 요구하는 것이 세상의 이치입니다.

게다가 사람은 생각한 만큼 성과가 나오지 않을 때는 '사고 정지'에 빠지기 쉽습니다. 힘을 준 계획일수록, 혹은 성공할 것이라고 믿었던 것일수록 생각대로 되지 않았을 때는 머릿속이 새하얗

게 돼버립니다.

그것을 피하기 위한 방법은, 처음부터 잘되지 않았을 때를 상정해 두는 것입니다. 즉, 비관 시나리오로 흘러갈 것 같을 때의 시뮬레이션을 해두는 것입니다. 그러면 사고 정지에 빠지지 않고, 비상시에도 담담하게 행동할 수 있습니다.

가상이라도 일단 '확률'을 계산하자

상황이 비관적인 경우, 다시 두 가지 시나리오가 있다고 합시다.

첫 번째는 '대폭 인하'입니다.

이것은 과거 약 80%의 확률로 성공했다고 합니다. 잘되면 매출이 1.5배 늘어나지만, 수익률은 아무래도 떨어집니다. 또 가격 인하이긴 해도 20%의 확률로 효과가 나오지 않을 수도 있습니다. 이 경우에는 수익률이 떨어지는 데다 효과도 나지 않기 때문에 손실이 매우 큽니다.

두 번째는 '판매 확대 캠페인'입니다.

이 경우의 성공 확률은 50% 정도로, 성공하면 매출이 1.5배 증가합니다. 가격 인하만큼 효과는 없을지 모르지만 실패했을 때

신차 판매 캠페인 시나리오(정리)

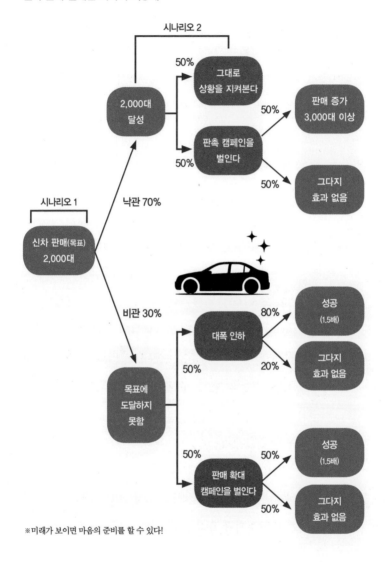

시나리오 2

시나리오 1

신차 판매(목표)
2,000대

낙관 70%

2,000대
달성

50%
그대로
상황을 지켜본다

판촉 캠페인을
벌인다
50%

50%
판매 증가
3,000대 이상

50%
그다지
효과 없음

비관 30%

목표에
도달하지
못함

대폭 인하
50%

80%
성공
(1.5배)

20%
그다지
효과 없음

판매 확대
캠페인을 벌인다
50%

50%
성공
(1.5배)

50%
그다지
효과 없음

※미래가 보이면 마음의 준비를 할 수 있다!

숫자 감각의 힘

의 손해는 비교적 적습니다. 이것을 정리한 것이 다음의 그림입
니다.

전체상이 보이면 '실패 확률'도 보인다

이것으로 전체상이 보입니다. 다시 한번 성공 확률과 실패 확률
을 정리해 봅시다.

- 처음부터 잘 진행되고 추가 대책도 적중해서
  매출 3,000대 이상의 '대성공'이 될 확률
  70% × 50% × 50% = 17.5%

- 우선 목표 2,000대를 달성할 수 있는 확률 중
  처음에는 잘 진행됐지만 그 후 아무것도 안 했을 경우
  70% × 50% = 35%
  처음에는 잘 진행됐지만 추가 대책은 실패했을 경우
  70% × 50% × 50% = 17.5%

- 목표에는 도달하지 못했지만 간신히 복구할 확률

가격 인하로 복구 30% × 50% × 80% = 12%

캠페인으로 복구 30% × 50% × 50% = 7.5%

- 완전히 실패할 확률 중

  처음부터 잘 안되고 가격 인하도 먹히지 않았을 때

  30% × 50% × 20% = 3%

  처음부터 잘 안되고 캠페인도 실패했을 때

  30% × 50% × 50% = 7.5%

정리하면,

- 대성공할 확률 17.5%
- 성공할 확률 52.5%(35% + 17.5%)
- 간신히 복구할 확률 19.5%(12% + 7.5%)
- 실패할 확률 10.5%(3% + 7.5%)

가 됩니다.

어떻습니까. 완전한 실패로 끝나는 시나리오는 첫 단계에서
비관 시나리오로 흘러서 그 후 대폭 인하도, 판매 확대 캠페인도
효과가 없었을 때, 확률은 약 10%입니다.

앞에서 한 질문으로 돌아가 봅시다.

상사가 확실한 거냐고 물으면 "90%는 성공합니다. 그런데 10%는 리스크가 있습니다."라고 답합니다. 근거가 뭔지 물으면 앞에서 제시한 시나리오에 따라 설명합니다. 그러면 상사도 '100% 확실하다는 것은 없다'라는 것에 동의하지 않을 수 없을 것입니다.

참고로 이 시나리오에 따라 '기댓값'을 계산할 수도 있습니다. 예를 들어, 간신히 복구했을 경우를 '1,700대', '1,200대'라고 계산해 봅시다.

- 대성공했을 때 3,000대 × 17.5% = 525대
- 성공했을 때 2,000대 × 52.5% = 1,050대
- 간신히 복구했을 때 1,700대 × 19.5% = 332대
- 실패했을 때 1,200대 × 10.5% = 126대
- 합계 2,033대

약간이긴 하지만 기댓값이 목표를 웃돌고 있습니다. 따라서 일단은 '성공할 확률이 더 높은 마케팅 계획'이라 할 수 있습니다.

성공 확률을 높이는
퍼널과 전환율

Q 우리 회사는 법인을 대상으로 연수 비즈니스를 제공하고 있다. 최근 실적 부진으로 인해, 주로 과거의 방식을 고집하는 A 과장과 뭐든 합리적으로 처리하는 B 과장이 영업 방침을 두고 의견 대립이 있었다. "요즘 젊은 사원들은 발로 뛰어서 업적을 쌓을 줄 모른다. 역시 고객과의 접점을 배로 늘려야 한다."라고 말하는 A 과장. 반면, B 과장은 "고객에게 제안 후 구매 과정을 마무리하는 클로징의 정확도를 높여야 한다. 교육을 통해 성공률을 배로 높여야 한다."라고 주장한다. 과연 어느 쪽이 옳을까?

'숫자 전략 1' 파트에서 말했듯이 요즘 시대의 비즈니스에서 요구하는 것은 '숫자로 말하는 것'입니다. 예를 들어 '조금 더'라면, 구체적으로 얼마만큼 '조금 더'인지를 숫자로 표현해야 합니다.

만약, 영업 현장에서 "방문 건수를 좀 더 늘리자"라고 하고 싶다면, 구체적으로 몇 건을 늘려야 하는지를 정해야 합니다. "클로징 단계의 성공률을 좀 더 높이자"라고 말하고 싶다면, 사실 "현재 40%의 성공률을 50%로 올리자"라고 말하는 것이 좋습니다.

과거의 방식을 고집하는 영업자 중에는 "일단 움직여"라고 말하는 사람도 있지만, 사실은 영업이야말로 '숫자로 말하고, 숫자로 움직이는 일'입니다.

각 단계별 확률, 펀넬

여기서 반드시 알았으면 하는 말이 있습니다. 그것은 '펀넬funnel'입니다. 이 용어는 꽤 오래전부터 있었습니다. 그런데 최근 몇 년 사이 온라인 비즈니스가 급속도로 발전하면서 자주 사용하게 된 표현입니다.

이는 비즈니스의 진척 과정을 단계별로 나누어 그 확률을 계산해 나가는 것을 가리킵니다. 예를 들어 보겠습니다. 일단 메일로 100개의 고객사에 신상품에 관한 안내문을 보냅니다. 그랬더니 20개 고객사에서 관심이 있다는 답장을 보내왔습니다. 그 고객사들을 방문하여 좀 더 자세한 설명을 했더니 이번에는 10개의 회사에서 품의가 올라갔습니다. 그리고 클로징 단계에서는 5개 회사와 계약이 체결되었습니다.

이 과정에서 '100개 사 → 20개 사 → 10개 사 → 5개 사'로 퍼널이 되었습니다.

퍼널은 '깔때기'라는 의미입니다. 단계마다 고객 수가 줄어드는 모습이 입구가 넓고 점차 좁아지는 깔때기 모양과 비슷하다고 하여 이름 붙여졌습니다.•

일 잘하는 영업자는 '새로운 고객을 확보하기 위해서는 앞으로 10건 정도는 더 접촉해야 한다'고 확률을 역산할 줄 압니다. 그것을 수치화해서 명확히 한 것이 퍼널입니다.

이 퍼널을 명확히 하면, 비즈니스는 '도박'에서 '과학'이 됩니다.

예를 들어 앞에서 말한 '100개 사 → 20개 사 → 10개 사 →

• 일본에서는 마케팅 분야에서 '퍼널'이라는 표현이 널리 쓰이고 있지만, 한국에서는 '영업 깔때기Sales Funnel'라는 표현을 주로 쓰고 있다(편집자 주).

숫자 감각의 힘

5개 사'라는 펀넬 비즈니스의 경우라면, '20건 접촉하면 1번 계약이 체결된다'라는 계산이 나옵니다. 만약 "10건 더 주문받아 오도록 해!"라는 지시를 받았다면, 역산해서 200명의 고객을 접촉해야 한다고 생각할 수 있습니다.

또는 어떤 방법을 써서 메일에 대한 고객의 반응을 2배로 늘릴 수 있으면 어떨까요. 100개 사를 접촉해서 지금까지는 반응이 20건이었던 것을 40건으로 만들 수 있다면, 계약 성사율은 2배가 됩니다. 그러면 접촉 건수가 100건이라도 목표인 10건의 계약 체결이 가능해집니다.

벽을 돌파할 확률, 전환율

영업 활동을 할 때는 몇 가지 '벽'이 있습니다. 우선은 상대가 내 말을 들어주지 않으면 상담 자체를 시작할 수 없고, 제안해도 거절당하게 됩니다. '할 수 있다!'라고 생각한 안건이 마지막 클로징 단계에서 상대 회사의 품의가 승인 나지 않아서 취소되는 경우도 있습니다.

영업 활동이란 이런 벽을 돌파해 가는 활동이라고 말할 수 있습니다. 이 '벽을 돌파할 확률'을 '전환율Conversion Rate'이라고 부릅니다.

앞에서 제시한 예로 돌아가 봅시다.

두 과장의 의견은 다음과 같은 프로세스로 판단하기로 했습니다.

- 고객과의 접촉 수, 실제로 약속된 수, 제안을 검토해 준 수 등의 데이터를 모은다.

555 펀넬

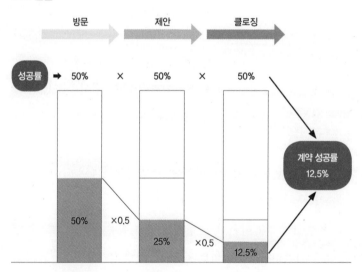

숫자 감각의 힘

- 각각의 '벽' 돌파율(전환율)을 계산한다.
- 그 확률을 합쳐서 자사의 '펀넬'을 도출한다.

여기서는 단순화하기 위해 영업이 '방문 → 제안 → 클로징'의 3단계로 이루어진다고 합시다.

만약 각각의 벽 돌파율이 50%라고 하면, 다음과 같은 계산이 나옵니다.

- 방문 성공률 50% × 제안 성공률 50% × 클로징 성공률 50% = 계약 성공률 12.5%

8번 도전해서 성공하는 것은 약 1번. 만약 100명의 고객에게 제안했다고 한다면, 계약 성공은 12건, 13건. 생각한 것보다 적다고 생각하는 사람도 많을 것입니다. 세 단계에서 돌파율이 각 50%인 것에서 착안하여 이것을 '555 펀넬'이라고 부릅니다.

그러면 일단 열혈 A 과장에게서 '약속을 2배로 잡아라'라는 지시를 받으면 어떻게 해야 할까요.

- 200건 × 방문 성공률 50% × 제안 성공률 50% × 클로

징 성공률 50% = 25건

당연한 말이지만 계약 성공 건수는 2배가 됩니다.

한편, 이성적인 B 과장의 '클로징 성공률 2배'를 적용한다면 어떻게 될까요.

- 100건 × 방문 성공률 50% × 제안 성공률 50% × 클로징 성공률 100% = 25건

방문 건수를 2배로 해도, 클로징 성공률을 2배로 해도 결과는 같은 25건. 계산력이 있는 사람이라면 '당연한 거잖아'라고 생각할 것입니다.

이 결과를 보면 'A 과장의 말과 B 과장의 말은 결과가 같다'라는 답이 나옵니다.

그러나 여기서 냉정하게 생각해 봅시다. 제안력을 높이기 위해서 얼마만큼의 트레이닝을 해야만 '클로징 성공률 100%'가 될 수 있을까요.

훌륭한 상품을 가지고 있어도 그것을 잘 전달하지 못하면 아

무런 의미가 없습니다. 또 아무리 현란한 영업 멘트를 구사한다고 할지라도 예상하지 못한 돌발 상황은 발생합니다. 갑자기 결정권자의 생각이 바뀌거나 생각지 못한 비용 때문에 예산이 초과할 수도 있습니다.

'왠지 상대가 맘에 들지 않는다'라는 개인의 선호가 개입되어 결정되는 경우도 꽤 많습니다.

좀 더 살펴보겠습니다. 여기서는 애초에 클로징 성공률을 50%로 예측했는데, 만약 이것이 60%라면 어떻게 될까요? 여기에 클로징 성공률 2배를 적용하면, 120%의 계약 성공률이 됩니다. 이 성공률은 10명의 고객에게 안내하면 12명의 고객이 계약한다는 것을 말합니다. 아무리 생각해도 있을 수 없는 일입니다.

물론 클로징 성공률이 너무 낮아서 그것을 약간의 노력으로 높일 수 있다면 이야기는 달라집니다. 그러나 단순히 계산상으로만 말하면 '방문 수를 늘려라'라는 A 과장의 말이 맞는 것이 됩니다.

다만, 여기서 필요해지는 것이 '전달 방법'입니다. "영업은 무조건 발로 뛰어야 한다!"라고 명령하는 것과 "자사의 영업 펀넬은 이렇다. 그러니 접촉 횟수를 2배로 해야 한다."라고 말하는 것은 받아들이는 직원의 입장에선 완전히 다릅니다.

특히 요즘 시대는 디지털을 활용하여 접촉 횟수를 2배로 만드는 등 여러 가지 방법을 생각해 볼 수 있으니까요. 발이 아닌 머리와 디지털 도구를 활용하여 횟수를 늘리는 방법도 있다는 말입니다.

영업은 매우 힘든 일입니다. 거절당하는 것이 당연하고, 스트레스가 쌓이는 일입니다. 성과를 내기 위해서는 준비가 필요하고, 준비했어도 허탕 치는 경우가 많습니다.

그럴 때 명확한 숫자를 바탕으로 '이것만 해내면 반드시 성과를 올릴 수 있다'라고 말하는 상사가 있다면 분명 큰 힘이 되고, 희망을 가질 수 있을 것입니다.

다양한 사업에 적용되는 '335펀넬'

Q 이번에 아프리카 잡화를 전문으로 취급하는 수입업을 하기로 했다. 독특한 분위기와 희소성 때문에 어느 정도의 판매는 가능할 것이라 예상했다. 그런데 주변에 사례가 거의 없어서 어느 정도 팔릴지 전혀 예상할 수가 없다. 통계 데이터로 수치화할 수 없을까?

신규 개척 사업의 계약 성공률

아프리카 잡화는 상당히 마니악합니다. 비슷한 상품을 취급하는 상점의 통계 데이터가 있다면 어느 정도 판매량을 예측할 수 있지만, 이 경우는 그런 상황을 기대하기 어렵습니다.

그런데 기본이 되는 '숫자'를 알 수 없으면, 비즈니스가 아니라 도박이 돼버립니다. 여기서는 어느 정도 범용적으로 사용할 수 있는 '335 펀넬'에 대해서 소개하겠습니다.

앞에서 말한 법인 영업의 예에서는,

• 방문 성공률 50% × 제안 성공률 50% × 클로징 성공률 50% = 계약 성공률 12.5%

와 같은 식을 사용했습니다. '555 펀넬'입니다.

어디까지나 만약의 수이기는 하지만, 실제로 법인 영업의 이른바 '루트 세일즈Route Sales'의 세계에서는 이것에 가까운 숫자가 되는 경우가 많습니다.

한편, 이 사람이 시작하려고 하는 아프리카 잡화 수입업은 신규 개척 영업입니다. 신규 개척 영업은 이미 관계가 형성되어 있는 루트 세일즈에 비해 당연히 성공률이 낮습니다.

숫자 감각의 힘

일반적으로는 다음과 같은 숫자가 되는 경우가 많습니다.

- 방문 성공률 30% × 제안 성공률 30% × 클로징 성공률
  50% = 계약 성공률 4.5%

방문해서 담당자와 직접 만나서 구체적인 제안을 할 수 있기까지의 확률이 30%. 그 제안이 상대에게 먹힐 확률이 또 30%. 거기까지 가면 그다음 단계인 클로징 성공률은 50% 정도까지 올라갑니다. 대략 이런 이미지입니다.

335 펀넬

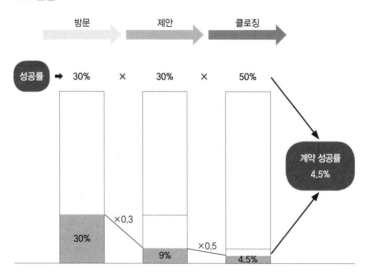

계약 성공률은 약 5%. 앞에서 말한 '555 펀넬'의 경우는 12.5%였으니까, 가능성이 상당히 떨어집니다.

그런데 실제로 신규 시장의 개척에 뛰어든 사람 중에는 '이 정도 성공률이면 높은 것 아닌가?'라고 생각하는 경우도 있을 것입니다.

사실 신규 개척 영업에는 그 앞에 커다란 벽이 가로막혀 있습니다. 그것은 바로 '약속'입니다. '335 펀넬'은 방문하는 것에서부터 시작됩니다만, 일단은 고객을 찾고 만나는 것이 이 일의 가장 큰 난관입니다. 만약 이 성공률을 10%, 즉 10번 시도해서 1번 만나준다고 칩시다. 그러면 앞에서 제시한 계산식은 다음과 같이 됩니다.

• 약속 성공률 10% × 방문 성공률 30% × 제안 성공률 30% × 클로징 성공률 50% = 계약 성공률 0.45%

계약 성공률은 겨우 0.5% 정도. 200번 시도해서 겨우 1건 계약한다는 말입니다. 신규 개척 영업은 그만큼 힘든 일입니다.

아프리카 잡화를 구매하는 곳은 어떤 곳일까요. 백화점이나 잡화점, 또는 세련된 인테리어의 카페 등이 될 수도 있습니다. 그

숫자 감각의 힘

렇다 하더라도 200건 중 1건의 계약 성공률이라면 엄청나게 많은 고객 후보 리스트가 있지 않으면 쉽지 않을 것입니다.

'335 펀넬'대로 확률이 나오는 이유

그런데 재미있게도 이 '335 펀넬'은 세상의 다양한 사업에 적용되는 숫자입니다.

예를 들어 소매점 판매, 인터넷 다이렉트 판매, 통신 판매 등입니다. 관심 있는 사람이 30% 정도 있고, 그중에서 진짜로 갖고 싶어 하는 사람이 30%, 실제로 구매하는 사람이 50%, 이런 식입니다.

어떻습니까. '대충 그 정도일 것 같다'라는 느낌이 들지 않으십니까.

이것을 고전적인 마케팅 이론 'AIDMA' 모델에 적용하여 설명하면, 다음과 같이 됩니다.

- $A^{Attention}$: 의식한다, 주목한다
- $I^{Interest}$: 흥미를 갖는다(30%)
- D^{Desire} : 갖고 싶어진다(30%)

- M^{Motivation}: 구매 동기가 생긴다

- A^{Action}: 구매한다(동기와 구매에서 50%)

앞에서 말한 것 같이, 이 중에서 가장 힘든 것은 A^{Attention} 단계입니다. 그 단계를 넘어서면 그 후는 '335'라는 의외로 높은 성공률로 진행됩니다.

저는 지금까지 온라인에서의 은행 계좌 개설이나 금융상품 판매, 신용카드 회원 모집이나 보험 판매, 메일 매거진을 활용한 인터넷 통신 판매나 콜센터를 활용한 다이렉트 판매 등의 프로젝트에 관여해왔습니다. 그런데 이런 다양한 사례 속에서도 이상하리만치 335 펀넬의 성공률인 약 5%가 적용되는 것을 몸소 체험할 수 있었습니다.

고객을 찾고 만나는 것부터가 어려운 신규 시장 개척 영업의 경우, 앞에서 제시한 계산식의 결과인 약 0.45%의 성공률 대로 일이 성사되는 것을 경험하기도 했습니다. 미리 관계가 형성되어 있지 않은 상황에서 인터넷 광고를 통해 판매할 때 이 수치가 잘 들어맞았습니다.

따라서 만약 세련된 잡화에 관심이 있는 타깃을 대상으로 인터넷 광고를 한다면, 약 0.45%의 확률로 판매가 될 것을 예측해

숫자 감각의 힘

볼 수도 있습니다.

왜 분야나 타깃이 다른 다양한 비즈니스에서 비슷한 확률의 성공률이 나오는 걸까요.

이것은 이상한 것이 아니라, 사실 통계학에서 도출된 진리입니다. 무슨 말인지 다음 파트에서 설명하도록 하겠습니다. 키워드는 '정규분포'입니다.

◆ 세상 대부분의 일은 통계적인 규칙에 기초해 움직인다. 횟수를 거듭하면 할수록 일정 확률에 가까워진다. 이것을 '대수의 법칙'이라고 한다.

◆ 기댓값은 '한 번의 시도로 일어날 확률적 가능성'을 어떤 값으로 나타낸 것이다.

◆ 세상의 거의 모든 도박은 '투자 금액보다 기댓값이 낮은' 구조로 만들어져 있다.

◆ 성공 확률과 실패 확률을 수치화해 기댓값을 계산하는 습관을 갖자. 제시한 확률은 어디까지나 가정이고, 얻을 수 있는 효과도 추정이지만, 이 수치가 논의의 시작점이 된다.

◆ 시나리오 플래닝으로 낙관과 비관 양쪽의 그림을 미리 그려보면, 성공 확률과 실패 확률을 따져보고 대비하기에 용이하다.

....

◆ 펀넬은 깔때기라는 뜻으로, 비즈니스 진척 과정의 단계별 확률을 가리킨다. 예를 들어, '접촉 → 반응 → 계약'의 단계에서 '100개 사 → 20개 사 → 5개 사'로 고객 수가 줄어드는 것을 말한다.

....

◆ 펀넬을 명확히 하면 비즈니스는 도박이 아닌 과학이 된다. 단계 중 어디에서 확률을 높일지 살피면 되는데 예를 들어, '접촉' 혹은 '반응' 단계에서 그 수치를 2배로 늘리면, 마지막 계약 단계에서 성공 확률이 더욱 높아질 수 있다.

....

◆ 다양한 사업에 적용 가능한 수치 '335 펀넬'은 제품을 출시할 때 관심 있는 사람이 30%, 그중 갖고 싶어 하는 사람이 30%, 실제 구매하는 사람이 50%인 것을 뜻한다.

....

◆ 335 펀넬의 계약 성공률은 '방문 성공률 30% × 제안 성공률 30% × 클로징 성공률 50%'라는 식에 의해 약 4.5%로 예측할 수 있다. 이 수치는 다양한 사업에 적용 가능하다.

숫자 전략 ④

THE SENSE
NUMBE

현재의
객관적 위치를
가늠하라

: 표준편차, 편찻값은 매우 유용한 도구

편찻값을 아주 간단하게 표현하자면, '내가 전체 중에서 어느 정도의 위치에 있는지를 나타내는 수치'입니다. 그리고 그것의 바탕이 되는 개념이 '분산', '표준편차', '정규분포'입니다. 중앙 부분이 통통한 정규분포의 곡선은 어떤 분야에도 적용되는, 이른바 '우주의 법칙'이라 할 만한데요. 개인뿐만 아니라 기업도 이를 고려하면 구체적 전략을 짜기에 수월해집니다. 편찻값을 감안해 자신이 속한 시장에서의 위치를 객관적으로 확인하고 뚜렷한 목표를 세울 수 있다면, 비교적 수월하게 경쟁하며 빠르게 해당 분야를 선점할 수 있을 것입니다.

흩어짐은
수치화할 수 있다

Q 내가 담당하는 2반의 시험 평균 점수와 B 선생님이 담당하는 1반의 평균 점수는 약 52점으로 거의 같다. 하지만 교감 선생님께서 "1반에 비해, 선생님 반 학생들의 점수는 흩어짐이 너무 큽니다. 반이 일체감이 없는 건 아닌가요?"라는 말을 들었다. 내 생각에도 잘하는 학생과 수업을 따라가지 못하는 학생으로 나누어져 있는 것 같기도 하다. 그런데 그걸 어떻게 알아봐야 할까?

개수가 많아질수록 '분산'을 파악하기 어렵다

지금까지 주로 '평균'에 관해 이야기했습니다. 그런데 한 가지 더 알아두면 편리한 통계학 지식이 있습니다. 그것은 바로 '분산'입니다.

'숫자전략 2' 파트에서 평균값과 중앙값에 관해 이야기했습니다. 자산이나 연봉처럼 흩어짐이 큰 데이터는 평균값이 그다지 의미가 없다고 말했습니다.

그렇다면 어떤 데이터가 흩어짐이 크고, 어떤 데이터가 흩어짐이 적을까요. 데이터의 개수가 적으면 한눈에 알 수 있을지 모르지만, 개수가 많아질수록 한눈에 파악하기가 힘들어집니다. 예를 들어 1반과 2반 학생들의 시험 점수가 다음의 그림과 같이 분포되어 있다면 어떻게 될까요.

분명 교감 선생님의 말처럼 '2반 학생들의 점수가 흩어짐이 크다'라고 느껴지지만, 일부 극단적으로 높거나 낮은 점수를 받은 학생들의 영향으로 그렇게 보일 뿐입니다.

그러면 어떻게 해야 '좀 더 쉽게 변수의 흩어진 정도'를 알 수 있을까요. 그것을 위한 수치가 '분산'입니다.

먼저, 단순화해 보도록 합시다. 한 반의 학생이 4명밖에 없다고 가정하겠습니다. 학생 개개인의 점수는 다음과 같습니다.

숫자 감각의 힘

1반과 2반 학생들의 점수

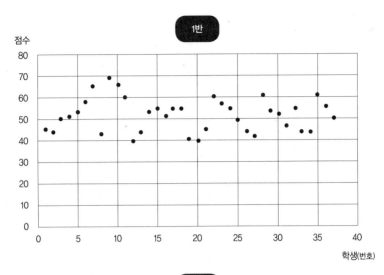

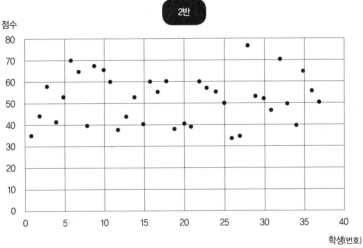

흩어짐 계산하기

1반

D 60점

B 50점 ── C 50점 ──────── 평균 50점

A 40점

2반

D 70점

C 55점

────────────────────── 평균 50점

B 45점

A 30점

• 1반

학생 A : 40점, 학생 B : 50점, 학생 C : 50점, 학생 D : 60점

평균 점수 : 50점

• 2반

학생 A : 30점, 학생 B : 45점, 학생 C : 55점, 학생 D : 70점

평균 점수 : 50점

숫자 감각의 힘

두 반 모두 평균 점수는 50점이지만 확실히 '2반 점수의 흩어짐이 크다'라는 것을 알 수 있습니다. 문제는 '그것을 어떻게 숫자로 표현할 것인가'입니다.

단순하게 생각하면, 평균 점수와 얼마나 차이가 있는지를 한 명 한 명 계산하여 그 숫자를 합산하면 될 것처럼 보입니다. 단, 그렇게 계산하면 문제가 생깁니다. 답이 '0'이 되기 때문입니다.

• 1반

학생 A : 40점 - 50점(평균 점수) = -10점

학생 B : 50점 - 50점(평균 점수) = 0점

학생 C : 50점 - 50점(평균 점수) = 0점

학생 D : 60점 - 50점(평균 점수) = 10점

-10점 + 0점 + 0점 + 10점 = 0점

숫자에 강한 사람에게는 '계산할 것도 없는 문제'일지 모릅니다. 평균값을 기준으로 플러스와 마이너스가 섞여 있어서 이런 결과가 나오게 되는 것입니다.

'플러스·마이너스'를 해소하는 제곱의 활용

이 경우 통계학에서는 절댓값을 계산하는, 즉 '제곱'이라는 작업을 합니다. '제곱'은 기억하시죠? 어떤 수에 그 수와 같은 수를 곱하는 것이 제곱입니다. 예를 들어, 3의 제곱은 '3×3'으로, 9가 됩니다. 5의 제곱은 '$5 \times 5 = 25$', 10의 제곱은 '$10 \times 10 = 100$'입니다.

앞의 예에서는 학생 A의 점수와 평균 점수의 차가 '-10점', 학생 B·C의 점수와 평균 점수의 차가 '0점', 학생 D의 점수와 평균 점수의 차가 '10점'이었습니다.

각각을 제곱하면, 학생 A는 '$-10 \times -10 = 100$', 학생 B·C는 '$0 \times 0 = 0$', 학생 D는 '$10 \times 10 = 100$'. 이것으로 플러스· 마이너스를 해소할 수 있습니다.

이렇게 산출한 합계를 샘플 수, 즉 학생 수로 나누면 비교할 수 있는 숫자가 나옵니다.

• 1반 학생

학생 A : $40 - 50 = -10$, -10의 제곱(-10×-10) = 100

학생 B : $50 - 50 = 0$, 0의 제곱(0×0) = 0

학생 C : $50 - 50 = 0$, 0의 제곱(0×0) = 0

학생 D : 60 - 50 = 10, 10의 제곱(10 × 10) = 100

계 200

200 ÷ 4(학생 수) = 50

• 2반 학생

학생 A : 30 - 50 = -20, -20의 제곱(-20 × -20) = 400

학생 B : 45 - 50 = -5, -5의 제곱(-5 × -5) = 25

학생 C : 55 - 50 = 5, 5의 제곱(5 × 5) = 25

학생 D : 70 - 50 = 20, 20의 제곱(20 × 20) = 400

계 850

850 ÷ 4(학생 수) = 212.5

이 수치가 크다는 것은 '흩어짐이 크다'는 것을 의미합니다. 1반의 '50'보다 2반의 '212.5'가 크기 때문에 이것으로 '1반보다 2반이 학생 간의 점수의 흩어짐이 크다'라는 것이 증명되었습니다. 이 값을 '분산'이라고 합니다.

• 분산 = 데이터 평균값 제곱의 총합 ÷ 샘플 수

이 예는 단순화한 것이지만 어떤 데이터라도 계산 방법은 같습니다.

맨 처음 데이터로 제시한 예로 돌아가서, 1반과 2반 학생의 평균과 분산을 계산하면 다음과 같은 값이 나옵니다.

- 평균 : 1, 2반 모두 51.7점
- 분산 : 1반 57.2, 2반 132.6

계산 결과, 역시 예상대로 2반의 분산이 큽니다. 즉, '2반 학생들의 점수가 흩어져 있다'는 것을 알 수 있습니다.

그렇다면 왜 이렇게 분산이 커졌을까요? 학원에서 학교 수업을 선행 학습한 학생이 있는 반면, 수업을 전혀 따라오지 못하는, 이른바 '무엇을 모르는지조차 모르는' 학생도 있습니다. '이런 요인들로 성적이 양극화된 것은 아닐까' 하는 가설을 세울 수 있습니다.

이런 가설을 세웠다면, 다음은 그것을 증명할 차례입니다. 예를 들어 성적이 좋지 않은 학생을 케어하는 데 좀 더 신경을 써서 학생들의 점수 편차를 줄이면 평균 점수를 올릴 수 있을지 모릅니다.

이와 비슷한 예로, '체인의 각 점포 매출 분산을 조사해 본다',

'사원의 실적을 팀마다 분산으로 비교해 본다' 등도 가능하겠지요. 이처럼 자신과 관련 있는 데이터를 분산으로 살펴보면 의외의 발견을 할 수 있을 것입니다.

표준편차, 편찻값은 매우 유용한 도구

분산을 계산할 때 숫자를 제곱했습니다. 제곱한 숫자를 원래대로 돌려놓을 때 사용하는 것이 '$\sqrt{}$(루트)'입니다. 제곱근이라고도 합니다.

다시 말해,

- 5의 제곱(5 × 5) = 25
- $\sqrt{25}$ = 5

라는 관계가 성립됩니다.

미안합니다. 사칙연산만으로 설명한다고 선언해 놓고 갑자기 루트를 들고나와 버렸네요.

하지만, 루트 계산은 엑셀이나 계산기로 간단하게 할 수 있습니다. 이른바 '공학 계산기'에는 반드시 루트 버튼이 있고, 스마트

폰 계산기 앱에도 대부분 있습니다. 어떤 숫자를 입력하고 '√'
버튼을 누르면 바로 답이 계산됩니다.

참고로 앞에서 계산한 1반과 2반의 '분산'은 각각 1반이
57.2, 2반이 132.6이었습니다.

이 숫자의 루트를 구하면 이렇게 됩니다.

- 1반 $\sqrt{57.2}$ = 7.563······
- 2반 $\sqrt{132.6}$ = 11.515······

이렇게 나온 숫자를 '표준편차'라고 부릅니다.

1반과 2반 점수의 분산을 '표준편차'를 포함해 설명하면 이렇
습니다. '평균 점수에서 플러스·마이너스 양쪽으로 표준편차만
큼의 사이에 전체의 70% 정도가 포함되어 있다'. 이것이 어떤 의
미인지 더 자세히 들여다보겠습니다.

1반의 경우, 평균 점수가 약 52점, 표준편차가 약 8이므로 약
44점~60점 사이에 학생의 70%가 포함되어 있습니다.

2반의 경우, 평균 점수가 약 52점, 표준편차가 약 12이므로
약 40점~64점 사이에 학생의 70%가 포함되어 있습니다.

이것만 봐도 2반의 점수가 1반보다 흩어져 있다는 것을 감각
적으로 알 수 있습니다.

표준편차

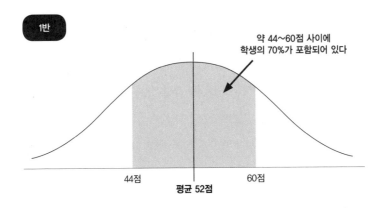

1반

약 44~60점 사이에
학생의 70%가 포함되어 있다

44점 평균 52점 60점

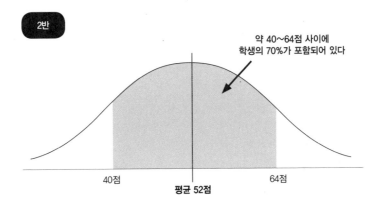

2반

약 40~64점 사이에
학생의 70%가 포함되어 있다

40점 평균 52점 64점

'평균 점수에서 표준편차만큼의 사이에 전체의 70% 정도가 포함되어 있다.'

이 말을 듣고 '그래서 뭐?'라고 생각한 사람도 있을 것입니다. 분명 이것만으로는 어디에 사용하면 좋을지 모를 수 있습니다.

그러나 이 표준편차와 그것을 응용한 '편찻값'은 매우 유용한 도구입니다. 이것을 알고 있으면 세상이 달리 보입니다. 자세한 내용은 다음 항목에서 설명하도록 하겠습니다.

세상은 '정규분포'로
이루어져 있다

Q 당신은 방송 프로그램의 조사원이다. 어느 날 '신장 190cm 이상의 일반인 남성을 찾아 주세요'라는 의뢰를 받았다. 일본 성인 남성의 평균 신장은 약 170cm인데, 이보다 20cm나 더 큰 사람을 찾기는 쉽지 않겠다고 생각했다. 그런데 의뢰인은 "금방 찾을 수 있겠죠?"라고 쉽게 생각하는 것 같았다. 이 의뢰가 얼마나 어려운 일인지 설명하고 싶은데, 어떻게 하면 좋을까.

'얼마나 드문 일인지'를 수치화해 보자

농구 선수나 배구 선수가 아닌 이상, 일상에서 신장 190cm 이상의 사람을 보는 일은 그리 흔하지 않습니다. 평균 신장이 큰 북유럽이라면 모를까, 동양의 길거리에서 그렇게 키가 큰 사람을 누구라도 쉽게 보지는 못했을 것입니다.

그렇다면 얼마나 드문 일일까요. 이번 문제는 바로 '얼마나 드문 일인지를 수치화하는 것'입니다. 여기서 도움이 되는 것이 '정규분포'라는 것입니다. 세상의 수많은 현상들이 대부분 정규분포를 따르고 있으며, 어떤 변수가 무작위로 가질 수 있는 실제 값에 관한 분포를 기술하는 데 매우 유용하게 쓰입니다.

일본인의 평균 신장은 연대에 따라 다르지만, 성인 남성의 경우 대략 170cm 정도입니다. 이 숫자는 일본의 총무성 홈페이지에서 찾을 수 있습니다.

하지만, 실제로는 170cm의 평균 신장을 중심으로 큰 사람부터 작은 사람까지 다양한 사람이 있습니다. 이때 통계학에서는 다음의 그림과 같은 '정규분포'로 각 신장의 사람이 분산되어 있다고 가정합니다. 가로축이 신장의 크고 작음, 세로축이 분포 수를 나타낸 그림입니다.

정규분포

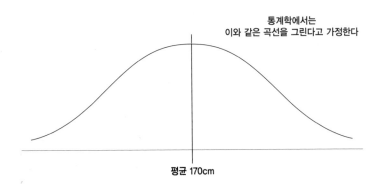

평균 신장 170cm 부근을 중심으로 해서 좌우로 서서히 수를 줄이면서 분산되어 갑니다. 170cm인 사람보다 175cm인 사람이 적고, 180cm가 되면 그보다 더 적어집니다.

위 그림을 봐주십시오. 앞에서 '표준편차'에 관한 이야기를 할 때의 그림과 비슷한 곡선을 그린다는 것을 알 수 있습니다. 그렇습니다. 그것은 사실 '정규분포'를 나타내고 있는 그림이었습니다.

'표준편차'에 관해 말할 때 '평균에서 표준편차만큼의 사이에 전체의 70%가 포함되어 있다'라고 했습니다. 좀 더 정확하게 말하면 '68%'입니다.

정규분포의 '68 - 95 - 99.7 규칙'

그렇다면 일본인 성인 남성 평균 신장의 표준편차는 어느 정도일까요?

나이에 따라 차이가 있지만, 대략 '6'이라는 숫자가 나옵니다.

다시 말해, 일본인 성인 남성의 68%는 신장 164cm에서 176cm 사이에 있다는 뜻입니다. 어떻습니까. 당신 주변의 남성을 보더라도 대략 이 범위 내에 포함되지 않나요?

참고로 표준편차가 2배(12), 즉 2표준편차가 되면 전체의 95%가 포함되는 것입니다. 다시 말해, 신장 158cm에서 182cm 사이에 95%가 포함됩니다. 신장 180cm를 넘는 사람은 그다지 많지 않지만, 찾아보면 1명 정도는 찾을 수 있다는 말입니다. 이것도 실제로 느끼는 것과 크게 다르지 않을 것입니다.

그러면 표준편차가 3배(18), 즉 3표준편차가 되면 어떻게 될까요. 이 경우는 99.7%가 됩니다. 다시 말해, 신장 152cm에서 188cm 사이에 99.7%가 포함되는 것입니다.

이것이 바로 통계학의 '68 - 95 - 99.7 규칙'입니다. 정규분포의 정말 중요한 특징 중 하나인데요. 덕분에 평균과 표준편차를 가지고 어느 구간에서 얼마만큼의 확률분포가 밀집되어 있는지를 설명할 수 있습니다.

'68 - 95 - 99.7 규칙'을 풀어서 설명하면 이렇습니다.

- 68%의 관측값이 평균으로부터 양쪽으로 표준편차가 떨어
  져 있는 곳 내에 분포한다.
- 95%의 관측값이 평균으로부터 양쪽으로 2표준편차가 떨

일본 성인 남성의 신장 분포

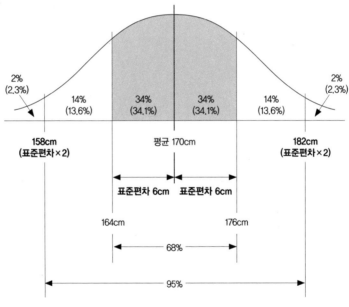

★표준편차±1 안에 전체의 68%가 포함된다
표준편차±2면 전체의 95%가 포함된다

어져 있는 곳 내에 분포한다.

- 99.7%의 관측값이 평균으로부터 양쪽으로 3표준편차가 떨어져 있는 곳 내에 분포한다.

따라서 위의 예는 통계학의 특징에 기반해 나온 숫자입니다.

이 사실을 감안해 살펴보면, 키 190cm 이상인 사람을 찾으라는 의뢰가 얼마나 어려운 일인지 알 수 있습니다. 190cm의 남성은 3표준편차에도 포함되지 않기 때문입니다. 1,000명 중에 겨우 1명 있을까 말까 하는 숫자입니다. 더욱이 일반인 대상이기 때문에 키가 큰 사람이 많은 스포츠 선수 중에서 찾기도 어렵습니다.

그런데도 반드시 찾아야 한다면 어떻게 해야 할까요. 규모가 1,000명 이상의 기업이나 커뮤니티에 연락해 보는 방법을 생각할 수 있습니다. 적어도 아는 사람 중에서 찾는 것은 좋은 방법이 아닙니다. 어느 정도 큰 규모의 조직을 조사하는 것이 필요해 보입니다.

그래서 앞의 문제에 답한다면 "신장 190cm 이상인 사람은 1,000명에 1명 정도밖에 없기 때문에 찾기 위해서 많은 시간이 필요합니다. 그러니 시간을 넉넉히 주십시오."라고 말하면 될 것 같습니다.

'2:6:2 법칙'은 진리였다

> **Q** 사내 개혁안에 대해 20명의 팀원 중에서 3명이 강하게 반대하고 있
> 다. '찬반 중에서 굳이 고르자면 반대'까지 포함하면 절반 정도의 사람이
> 반대이다. 물론 찬성하는 사람도 같은 비율로 있다. 과연 이 개혁을 추진
> 해야 하는 걸까.

지금까지 설명한 정규분포는 어디까지나 '통계학상 그렇게 가
정한다'라는 것이었습니다.

그러나 신기하게도 세상의 다양한 현상은 이 정규분포에 가
까운 비율로 분산되어 있습니다. 신장이나 체중, 주가의 상승과
하락, 자연현상 발생 빈도의 데이터를 분석해 보면 실제로 이와
같은 분포를 보이는 경우가 대단히 많습니다.

과장해서 말하면, 우주의 현상은 정규분포가 되도록 만들어져
있습니다.

그리고 저의 경험상 조직의 여러 가지 일들도 정규분포의 곡
선을 그릴 때가 많습니다.

'2:6:2 법칙'이라는 말을 들어보셨나요? 모든 조직은 20%의

우수한 사람과 60%의 보통 사람, 20%의 일 못하는 사람으로 구성되어 있어서, 아무리 우수한 사람만 모았다고 하더라도 결국 이 비율로 귀착되게 되어 있습니다.

정규분포에 기반해서 생각하면, 이 비율이 '우수한 사람 16%, 보통 사람 68%, 일 못하는 사람 16%'가 됩니다. '2:6:2'와 비교적 가까운 숫자여서, 조직의 구성도 역시 정규분포의 법칙을 따르는 것 같습니다.

또 정규분포를 대입해 보면 2%가 '엄청나게 일 잘하는 사람', 2%가 '엄청나게 일 못하는 사람'이 됩니다. 이것도 역시 현실에 가까워 보입니다.

저는 기업 재생 컨설턴트로서 위기에 빠진 기업 현장에 들어가 재생을 돕는 일을 지금까지 여러 차례 했습니다. 갑자기 들어온 외부 사람에게 협력적인 사람이 있는가 하면, 강하게 반발하는 사람도 있습니다. 하지만 상당수의 사람은 '중립 = 관망'입니다.

저는 그 비율도 역시 정규분포에 가깝다고 생각합니다. 다시 말해, 찬성이 16%, 반대가 16%, 중립이 68%. 개혁은 압도적 다수인 중립적인 사람들을 얼마나 찬성 쪽으로 마음을 돌리느냐에 따라 결정된다고 해도 과언이 아닙니다.

다시 앞의 문제로 돌아갑시다.

역시 새로운 것을 시작할 때나 전략을 크게 수정할 때는 찬성이 16%, 반대가 16%, 중립이 68%라는 비율로 나뉠 때가 많습니다.

그렇게 생각하면 20명 규모의 조직일 때, 강하게 반대하는 사람이 3명 정도 있는 것은 이상한 일이 아닙니다. 그렇다면 자신을 믿고 개혁을 추진하는 것이 이 질문에 대한 답이 됩니다.

그러나 만약 강하게 반대하는 사람이 5명이라면 어떨까요? 이 정규분포를 적용해 생각해 보면 조금 많은 숫자입니다. 반대하는 사람이 7명이 되면 비율이 대단히 높아집니다.

물론 반대하는 사람이 많다고 해서 무조건 그만둬야 하는 것은 아니지만, 일단 멈추고 다시 한번 세밀하게 계획을 점검해 볼 필요는 있습니다.

더욱이 정규분포의 관점에서 보면, 2표준편차 이외, 즉 2% 정도는 '극단적인 찬성자'와 '극단적인 반대자'가 나타난다는 뜻이기도 합니다.

사원이 100명인 기업일 경우, 2명 정도는 '절대 반대!'를 주장하며 온갖 방법을 써서 개혁안을 무너뜨리려고 하는 사람이 나온다는 말입니다. 제 경험으로도 그런 것 같습니다.

이렇게 '목소리가 큰 사람'은 대단히 어려운 존재입니다. 방치하면 조직 전체에 시기와 의심의 불씨가 되기도 합니다.

아무리 유용한 통계학이라도 이 2명을 제로로 만드는 것은 불가능합니다. 단, 중요한 것은 '극단적인 행동을 하는 반대자가 나타날지도 모른다'라는 것을 염두에 두고 면밀하게 가설을 세워야 한다는 것입니다. 그러면 반대파의 생각지 못한 방해 공작에도 의연하게 대처할 수 있습니다.

모든 사람에게 호감일 수 없는 통계학적 이유

인간관계의 다양한 장면에서 '정규분포'를 응용하면 평소에 보이지 않았던 여러 가지 것들이 보입니다.

예를 들어, 이것을 첫 대면의 인상에 적용해 봅시다.

첫 대면에서 호감을 느끼게 되는 사람은 16%, 반대로 부정적인 감정을 갖게 되는 사람도 16%, 어느 쪽도 아닌 사람이 68%라는 수치가 됩니다.

다시 말해, '아무리 노력해도 16%의 사람에게는 좋은 인상을 줄 수 없다.' 이렇게 생각하면 사실 인간관계를 너무 심각하게 고민할 필요가 없습니다.

그리고 앞에서 세상에는 '335 펀넬' 법칙을 적용할 수 있는 것들이 많다고 말했습니다.

　이것도 역시 처음에는 16%의 사람이 호의를 가지고 있고, 동시에 어느 쪽도 아닌 사람(68%) 중에서 또 16% 정도가 최초의 제안을 받아들여 준다고 생각하면, 대략 30%에 가까운 숫자가 됩니다.

　• 16 + (68 × 16/100) = 26.88%

　첫 회 돌파율이 30%라는 것도 이와 같은 정규분포의 관점으로 설명할 수 있습니다.

나는 전체 중
어디에 해당할까

Q 수험생인 아이가 성적에 대해 고민하며 '편찻값 60까지는 갔는데 그 이상 등수를 올리는 게 쉽지 않다'라고 말했다. 당신이라면 어떤 조언을 하겠는가?

지금까지 '표준편차'에 관한 이야기를 했지만 '편차'라는 단어를 보고 '학생 때 많이 접했던 편찻값과 관계가 있을까'라고 생각하는 사람도 많을 것입니다.•

정답입니다. 표준편차와 편찻값은 많은 관계가 있습니다.

그러나 누구나 명칭은 들어보았지만, 그것이 의미하는 것이 무엇인지 물으면 의외로 답하지 못하는 사람이 많은 것이 사실입니다.

편찻값을 아주 간단하게 표현하자면, '내가 전체 중에서 어느 정도의 위치에 있는지를 나타내는 수치'입니다.

그리고 그것의 바탕이 되는 개념이 지금까지 설명한 '분산', '표준편차', '정규분포'입니다.

편찻값 60이란 '상위 16%'를 말하는 것

신장에 관한 사례와 마찬가지로 표준편차가 '15점'이라고 합시다. 그러면 '35점에서 65점 사이에 68%의 사람이 포함되어 있다'라는 뜻입니다.

2표준편차, 즉 '20점에서 80점'이 되면 이 범위 내에 95%의 사람이 포함됩니다. 3표준편차는 '5점에서 95점'이므로 전체의

● 우리나라 고등학교에서 학생의 성적에 따라 등급(1~9등급)을 나누어 그것을 수능 시험에 활용하듯, 일본에서는 성적을 편찻값(90~25)으로 계산하여 대학 입시에 활용한다(편집자 주).

99.7%가 포함되고, 나머지는 0.3%에 속합니다.

확실히 평균 점수가 50점인 시험에서 95점 이상을 받는다는 것은 매우 어려운 일입니다. 편찻값은 이것을 편의상 알기 쉬운 숫자로 대체한 것입니다.

편찻값과 '상위 몇 %인가'의 대응표

편찻값	상위 몇 %
80	0.1%
75	0.6%
73	1.0%
70	2.3%
65	6.7%
60	15.9%
55	30.9%
50	50.0%
45	69.1%
40	84.1%
35	93.3%
30	97.7%

이 사례에서 평균 점수 50점을 '편찻값 50'이라 합시다. 그리고 1표준편차(15점)를 편찻값 10으로 환산합니다. 다시 말해, 평균 점수보다 1표준편차 위면 '편찻값 60'이 되고, 1표준편차 아래면 '편찻값 40'이 되는 것입니다.

앞의 예에서는 평균 점수 50점에 표준편차가 15점이었습니다. 이 시험에서 65점을 받은 사람은 '편찻값 60'이 됩니다. 한편, 35점을 받은 사람은 '편찻값 40'에 해당합니다.

1표준편차 안에는 68%의 사람이 포함된다고 말했습니다. 나머지 32% 중에서 68%의 사람보다 점수가 높은 사람이 16%, 낮은 사람도 16%입니다.

즉, 편찻값 60이라는 것은 '상위 16%에 해당한다'라는 말입니다.

모든 '경쟁의 세계'에서 통용되는 편찻값

여기까지 설명을 들었다면, 왜 수험 공부에서 '편찻값'이 중요한지 이해했을 것입니다.

대학 입시는 어디까지나 다른 수험생과의 경쟁입니다. 내가 아무리 높은 점수를 받았더라도 다른 사람이 모두 그보다 높은 점수를 받으면 합격할 수 없습니다. 반대로 절반 정도밖에 정답을 맞히지 못했더라도 다른 사람이 모두 절반 이하밖에 정답을 맞히지 못했다면 합격할 수 있습니다.

중요한 것은 점수가 아니라 '전체 중에서 어느 정도에 해당하느냐'입니다. 그것을 나타낸 수치가 편찻값입니다.

지금까지 설명한 것을 이해했다면, 아이가 고민했던 '편찻값 60에서 좀처럼 성적이 오르지 않는다'라는 문제에 대해서도 답할 수 있을 것입니다.

가령 표준편차가 15라고 하면, 평균 점수에서 15점 올리는 것과 거기에서 15점을 더 올리는 것의 노력 차는 상당히 클 수 있습니다.

또 편찻값 60 이상의 사람이라는 것은 이른바 수험 공부의 엘리트들에 해당합니다. 그중에는 그다지 공부를 많이 하지 않아도 항상 일정 수준 이상의 점수를 유지하는 머리 좋은 사람도 포함되어 있을 것입니다. 그런 사람들과 경쟁하면서 편찻값을 올리는 것은 대단히 힘든 일일 수 있습니다.

그렇지만 이미 편찻값 60까지 왔다는 것은 그런 사람들에 상당히 가까워지고 있다는 의미입니다. '지금까지보다 더 열심히, 하지만 조급해하지 않고 공부한다면 분명 합격할 수 있다.' 이렇게 격려해 주면 좋지 않을까요?

편찻값은 수험생에게만 중요한 것이 아닙니다.

편찻값 60은 상위 16%이고, 그곳을 경계로 정규분포 곡선은 급격하게 하강합니다. 그것은 즉, 경쟁 상대가 현격히 줄어든다는 것을 의미합니다.

편찻값이 65면 상위 7%. 편찻값이 70이면 상위 2%. 이것은 마치 주위에 대한 '차별화'가 이루어져 있는 상태라고 할 수 있습니다.

만약 당신이 직장에서 한발 앞서는 존재가 되고 싶다면, 먼저 편찻값 60, 즉 상위 16%를 목표로 하면 좋을 것입니다. 또는 직장뿐만 아니라 업계 전체에 이름을 날리고 싶다면 편찻값 70, 즉 상위 2%를 목표로 해야 할 것입니다.

이처럼 현재의 커리어를 편찻값으로 생각해 보면, 자신이 지향해야 할 목표가 좀 더 구체적으로 보입니다.

기업의 경쟁 전략도 마찬가지입니다. 업계의 평균 수준인 회사 수가 많아질수록 경쟁이 심해지는 것은 당연합니다. 그러나 거기에서 한 발짝 벗어나면 경쟁은 급격히 줄어듭니다. 그 때문에 '우선은 편찻값 60, 즉 상위 16%를 목표로 하자'라고 설정해 보십시오. 이렇게 목표를 구체화하면 좀 더 쉽게 원하는 곳에 도달할 수 있을 것입니다.

최근에는 게임 체인지에 성공한 기업이 시장을 독점하는 사례가 늘어나고 있습니다. 그러나 시간이 지나면 서서히 후발 주자가 늘어나서 이것 역시 정규분포에 가까워집니다. 이쯤 되면 정규분포는 '우주의 법칙'처럼 느껴집니다.

다만, 한편으로는 약간의 걱정도 있습니다.

예를 들어 '숫자 전략 1' 파트에서 소개한 중국의 '신용점수' 회사, 이것이야말로 편찻값 그 자체입니다. 상세한 구조를 알 수는 없지만 아마도 신용점수의 평균값 부근에 가장 많은 사람이 모여 있고, 거기에서 정규분포 곡선을 그려서 점수가 높은 사람과 낮은 사람이 분포할 것이라 생각합니다.

그리고 점수가 상위에 있는 사람은 다양한 특전이 주어지지만, 점수가 낮은 사람은 돈을 빌릴 때도, 소개팅 상대를 찾을 때도 어려움을 겪을 수 있습니다. 어쩌면 우리는 편찻값에 의해 인생이 좌우되는 세상에 살고 있는 것인지도 모르겠습니다.

그것이 좋은 일인지 나쁜 일인지는 제쳐두고, 세상의 규칙이 그렇게 흘러가고 있다는 점은 반드시 이해하고 있어야 합니다.

신상품의 초기 판매 속도가
느리다면

Q 신상품이 드디어 발매된다. 개발 기간 3년, 마케팅에도 많은 예산을 쏟아부은 기대 상품이다. 그러나 3개월에 100만 세트 판매를 예상했는데, 출시 첫 주의 판매 상황은 겨우 5만 세트. 이 계산이면 3개월에 60만 세트밖에 판매하지 못하게 된다. 모두 골머리를 앓고 있다. 이제 이 상품은 미래가 없는 것일까?

신제품 출시 때는 누구나 긴장하기 마련입니다.

아무리 품질이 우수하고 면밀한 시장조사를 통해 내놓은 상품이라도 반드시 팔리리라는 보장은 없습니다. 공을 들인 상품일수록 초기 판매가 부진했을 때의 낙담은 큽니다.

그러다 보면 '애초에 상품 콘셉트가 잘못됐다', '영업력이 너무 약하다', '광고를 안 해서 이렇게 됐다' 등과 같이 책임을 전가하는 일이 벌어지기도 합니다. 그러나 처음 일주일 만에 포기해버리는 것은 너무 성급한 판단입니다. 그 이유는 많은 상품이 아래의 그림과 같은 'S곡선'을 그리며 팔리기 때문입니다.

S곡선

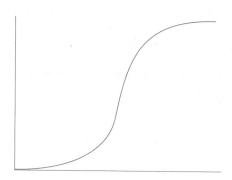

처음에는 움직임이 완만하고 이후 시간이 지나면서 어느 단계부터는 급격한 기울기를 그리며 수치가 상승하고, 그 후 다시

숫자 감각의 힘

완만하게 증가해 가는 곡선입니다. 알파벳 S처럼 보여서 'S곡선'
이라 불립니다.

정규분포와 S곡선의 관계

이것은 사실 앞에서 언급한 '정규분포'를 누적으로 나타낸 것입
니다.

예를 들어, 키가 작은 사람 순으로 남성이 몇 명인지 셉니다.
평균 신장에서 멀어질수록 인원수는 적어지기 때문에 처음에 인
원수의 상승은 완만합니다. 그러나 160cm를 넘으면서부터 인원
수가 늘어나기 시작하고, 170cm 부근에서 정점에 이릅니다. 그
후 다시 서서히 인원수가 줄어듭니다. 그 인원수를 누적해 가면 S
곡선과 같은 기울기가 됩니다.

정규분포는 세상의 많은 현상에 적용된다고 말했습니다. 이 S
곡선도 세상의 많은 현상에 적용됩니다.

그리고 신상품이 시장에 침투할 때도 이러한 움직임을 보일
때가 많습니다. 초기 움직임은 느려도 서서히 침투하는 속도가
빨라지고, 어느 지점에 이르면 한꺼번에 팔리기 시작합니다. 그리
고 다시 팔리는 속도가 서서히 느려집니다.

물론 그렇게 되지 않을 가능성도 있지만, 첫 일주일 만에 포기해 버리면 그 후에 올 수 있는 급격한 상승을 기대할 수 없습니다.

여기서 중요한 것은 '신상품의 시장 침투는 S곡선을 그린다'라는 인식을 갖는 것입니다.

초기의 판매 속도가 생각만큼 나오지 않더라도 '지금은 S곡선에서 말하는 폭풍 전의 고요함이다. 좀 더 참는 것이 중요하다'라고 설득할 수 있느냐가 중요합니다.

어디에나 적용되는 'S곡선'

참고로 이 S곡선을 적용할 수 있는 예를 한 가지 더 소개하겠습니다. 바로 '공부와 시간의 관계'입니다.

어떤 분야에서도 마찬가지입니다만, 새로운 것을 공부하기 시작했을 때 처음에는 무엇이 포인트인지 몰라서 좀처럼 향상된다는 느낌을 받지 못합니다. 그러나 어느 시기가 지나면 급속하게 향상되는 것을 느낄 수 있습니다. 마치 스펀지가 물을 흡수하듯 새로운 것이 점점 몸에 스며들게 됩니다. 이 시기에는 공부가 매우 즐겁습니다. 하지만 그 시기가 끝나면 이른바 '정체'로 인해 고민하게 됩니다.

이것은 그야말로 S곡선의 움직임과 똑같습니다. 초반의 힘든 시기를 어떻게 극복할 것인가, 그리고 그 후에 찾아올 정체기에 포기하지 않고 계속할 수 있는가. 그것이 무언가를 내 것으로 만들 수 있느냐 없느냐를 결정짓습니다.

코로나 감염자 수도 S곡선을 따랐다

더불어 최근 많은 사람이 이 곡선에 익숙해졌으리라 생각합니다. 그렇습니다. 코로나19의 감염자 수 증가가 바로 이 곡선을 그렸습니다.

처음에는 완만하게 감염자가 증가하다가 그 후 급격하게 확대된 다음, 다시 완만하게 줄어들면서 S곡선을 반전시켜 놓은 듯한 곡선을 그리며 하강했습니다. 그것을 몇 번이나 반복했습니다.

코로나19 바이러스가 퍼지기 시작할 당시, 하루하루 늘어가는 감염자 수를 보고 '앞으로 어떻게 될까'라며 불안에 떨었던 사람도 많았을 것입니다.

그러나 제2파, 제3파의 감염 확산과 진정 상황이 반복되면서 지금은 많은 사람이 '이번 감염자 확대는 몇 주 정도가 지나면 진

정될 수 있을까'라고 어렴풋하게 예측할 수 있게 되었습니다. 그리고 실제로 거의 비슷한 시기에 감염자 수가 정점을 찍고 줄어들기 시작했습니다. 이밖에도 세상의 여러 현상들이 이 S곡선을 따르는 경우가 많으니 이를 미리 알고 대비한다면 좀 더 상황을 유리한 쪽으로 이끌어갈 수 있습니다.

숫자 감각의 힘

별점 평균값은 어디까지 믿어야 할까

Q 우리 가게와 A 가게는 오랜 세월 동안 경쟁해 온 라이벌 관계다. 맛집 사이트 평가도 거의 비슷하다. 하지만 최근 A 가게가 서서히 평가 점수를 올리고 있다. 반면 우리 가게는 심하게 부정적인 리뷰가 눈에 띈다. 무언가 조작이 있는 것 같은 느낌이 든다.

조작이 개입되면 '정규분포'가 비뚤어진다

서적, 영화, 가전, 레스토랑, 호텔……, 거의 모든 것을 '별점'으로 평가하는 시대. 그것의 찬반은 제쳐두고 누구나 고객의 평가를 신경 쓰는 시대에 우리는 살고 있습니다.

게다가 위 문제와 같이 부정적인 리뷰가 많아지면 평정심을 유지하기가 매우 힘듭니다.

하지만 이럴 때도 정규분포가 도움이 됩니다. 이러한 평가에도 역시 2%의 '극단적으로 부정적 평가를 하는 사람'이 당연히 있습니다. 그리고 아마도 '극찬하는 사람'도 2% 정도는 있을 것입니다. 다시 말해, 어느 정도 리뷰가 모이면 혹독한 평가를 하는 사람은 반드시 생기기 마련입니다. 이것은 '자연의 섭리'라고 생각해야 합니다.

다만, 리뷰 수에 비해 안티가 너무 많은 것, 즉 뚜렷하게 비뚤어진 정규분포를 그리고 있다면……, 물론 가장 먼저 현재 운영에 문제가 없는지를 점검해 봐야겠습니다만, 한편으로는 무언가 부정적인 캠페인이 행해지고 있는 것은 아닌지 의심해 볼 필요도 있습니다.

앞에서 제시한 문제에서 또 한 가지, '무언가 조작이 있는 건 아닐까'라는 의심을 했습니다. 즉, '라이벌 가게가 바람잡이를 사용하고 있는 건 아닐까'라는 의심입니다. 이것도 역시 정규분포로 검증할 수 있습니다.

당연한 얘기지만 바람잡이가 많아질수록 좋은 평가가 늘어납니다. 그러면 정규분포 그래프의 모양이 무너져서 수치가 높은 쪽으로 찌그러진 형태가 돼버립니다.

조작이 개입되면 정규분포가 비뚤어진다

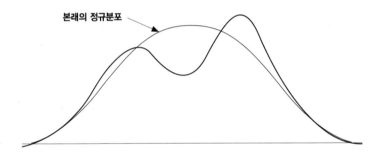

본래의 정규분포

한편, 진짜 실력에 의해 평가가 높아지면 좋은 평가가 늘어남과 동시에 낮은 평가도 어느 정도 늘어나는 게 정상입니다. 실제로 아무리 평가가 좋은 가게라도 '생각보다 별로였다', '내가 좋아하는 스타일은 아니었다'라는 리뷰가 어느 정도는 있기 마련입니다. 다시 말해, 평가가 어떻게 분포되어 있는가를 보면 거기에 조작이 있는지 없는지 가늠할 수 있습니다.

평가의 신뢰도를 위해 갖춰야 할 것

지금까지 이야기를 바탕으로 '리뷰 문화에 어떻게 대처해야 할까'에 대해서 제 의견을 말하고자 합니다.

우선, 어디까지나 조작이 없다는 것을 전제로 합니다만, 이른바 '별점 평균값'이라는 것은 어느 정도는 믿을 만하다고 생각합니다. 평균적으로 별점 3.0인 가게의 제품보다는 별점 3.7인 가게의 제품이 만족스러울 가능성이 높기 때문입니다.

다만, 평가 수가 너무 적은 경우는 믿지 않는 것이 좋습니다. 평가를 신뢰하기 위해서는 어느 정도의 평가 수가 필요합니다. 가능하면 100개, 아무리 적어도 30개 정도는 있어야 합니다. 그 이유는 '숫자 전략 5' 파트에서 자세히 설명하겠습니다.

최근에는 맛집 추천 사이트 등을 중심으로 알바생을 동원한 가짜 리뷰가 사회적인 문제가 되기도 해서 사이트 자체적으로 가짜 리뷰를 잡아내는 정화 작업을 하기도 합니다. 덕분에 예전에 비해 신뢰도는 높아진 것도 사실입니다.

숫자 감각의 힘

하지만 리뷰의 신뢰도가 아무리 높아진다고 해도 앞에서 말한 바와 같이 2%의 극단적인 의견은 나오기 마련입니다. 그런데 이러한 극단적인 의견은 아무래도 눈에 띄기 때문에 '좋아요'와 '참고가 되었다'가 많이 붙고, 그것이 더 눈에 띄어 '참고가 되었다'의 수가 늘어나는 악순환이 종종 발생합니다.

그러나 그것은 길거리 한복판에서 상스러운 말을 큰 소리로 외치는 사람이 눈에 띄는 것과 같습니다. 전혀 신경 쓸 필요 없다고 하는 것은 무리일지 모르지만 '세상은 원래 그렇다'라고 담대하게 생각할 필요가 있습니다.

싫든 좋든 리뷰 문화는 앞으로도 계속 확산할 것입니다. 통계학의 지식을 이용하여 적당한 거리감을 유지하며 리뷰를 받아들이는 현명함을 갖도록 합시다.

◆ 변수의 흩어진 정도를 나타내는 수치가 '분산'이다.

◆ 분산은 '데이터 평균값 제곱의 총합'을 샘플 수로 나눈 값이다.

◆ 표준편차는 자료가 평균을 중심으로 얼마나 퍼져 있는지를 나타내는 대표적인 수치이다.

◆ 세상의 수많은 현상들이 '정규분포'를 따르고 있다. 정규분포는 어떤 변수가 무작위로 가질 수 있는 실제 값에 관한 분포를 기술하는 데 매우 유용하게 쓰인다.

◆ 현재의 커리어를 편찻값으로 생각해 보면, 자신이 지향해야 할 목표가 구체적으로 보인다. 직장에서 한발 앞서고 싶다면 편찻값 60, 즉 상위 16%를 목표로 하고, 더 나아가 업계 전체에 이름을 날리고 싶다면 편찻값 70, 즉 상위 2%를 목표로 하는 것도 좋을 것이다.

....

◆ 정규분포의 곡선은 평균값을 중앙으로 좌우 대칭을 이루며, 종 모양을 하고 있다.

....

◆ '68 – 95 – 99.7 규칙'은 정규분포의 중요한 특징 중 하나로, 다음의 세 가지를 뜻한다. ① 68%의 관측값이 평균으로부터 양쪽으로 표준편차가 떨어져 있는 곳 내에 분포한다. ② 95%의 관측값이 평균으로부터 양쪽으로 2표준편차가 떨어져 있는 곳 내에 분포한다. ③ 99.7%의 관측값이 평균으로부터 양쪽으로 3표준편차가 떨어져 있는 곳 내에 분포한다.

....

◆ '2 : 6 : 2 법칙'이 현실을 대변하는 경우가 많다. 많은 조직은 20%의 우수한 사람과 60%의 보통 사람, 20%의 일 못하는 사람으로 구성되어 있어서, 아무리 우수한 사람만 모았다고 하더라도 결국 이 비율로 귀착된다.

....

◆ 편찻값을 아주 간단하게 표현하자면, '내가 전체 중에서 어느 정도의 위치에 있는지를 나타내는 수치'이다.

THE
SENSE
NUMBE

숫자의
거짓말을
간파하라

: 정확도를 판별하는 '신뢰구간' 이야기

새로운 감염병의 감염 유무를 판별하는 검사 방법이 새롭게 개발되었다고 합니다. 정확도는 90%. 그런데 전문가는 전혀 '쓸모가 없다'고 결론 내렸다니, 왜일까요? 예를 들어볼게요. 100명 중 1명이 감염자인데 100명 모두에게 '전원 음성'이라는 판정을 했다면, 정확도는 99%. 하지만 이 검사에서 가장 중요한 것은 '양성인 사람을 양성으로 판정하는 것'입니다. 양성인 감염자를 음성으로 판정했으므로 이 검사는 사실 '정확도 0%'가 됩니다. 이처럼 그림 전체의 균형을 보지 않으면 그 검사가 정말로 신뢰할 수 있는 것인지, 아닌지를 판단할 수 없게 됩니다. 정확도 90%는 매우 의미 없는 확률일 수 있습니다.

몇 사람의 의견을 들어야
충분할까

Q 신제품 패키지 디자인을 결정하기 위해 사내 여러 부서, 여러 사람의 의견을 청취했는데 들으면 들을수록 답이 제각각이다. 그 내용을 보고하자 상사는 "자, 그럼 좀 더 완벽하게 의견을 모아 보도록 해!"라고 말했다. '완벽히'라면 도대체 어느 정도 인원의 의견을 모아야 하는 걸까.

개표율 1%로 '당선 확실'이 나오는 이유

이 문제에 관해서 답을 먼저 이야기하자면, '완벽한 의견에 대한 요건을 맞추기 어렵다'입니다. 그 이유를 설명하기 위해서는 '무작위 추출(랜덤 샘플링)'에 대해서 알아봐야겠습니다.

무언가를 조사할 때 가장 정확한 것은 사실 '모든 샘플을 조사'하는 것입니다. 예를 들어 국민들의 지지 정당 비율을 정확하게 알고 싶다면, 국민 전원을 대상으로 설문하면 됩니다. 이것을 '전수조사'라고 합니다.

그러나 말할 필요도 없이 그러기 위해서는 엄청난 수고가 필요합니다. 그래서 생각해낸 방법이 '무작위 추출'입니다. 무작위로, 즉 완전히 랜덤하게 샘플을 추려서 조사함으로써 전수조사를 하지 않고 전체의 경향을 거의 정확하게 파악한다는 것입니다.

이 수는 대략 '100'으로 알려져 있습니다. 다시 말해, 국민 중에서 완전히 무작위로 100명을 뽑아서 지지 정당을 물으면 국민 전체의 지지 정당 비율을 상당히 정확하게 알 수 있다는 것입니다.

'그렇게 적은 샘플 수로 정말로 알 수 있을까'라고 생각하는 사람도 있을 것입니다. 그러나 선거 속보에서 아직 개표율이 1% 밖에 안 되는데 일찌감치 '당선 확실'이 나오고, 그것이 뒤집히지

숫자 감각의 힘

않고 그대로 결과로 이어지는 것을 보면 무작위 추출의 위력을 알 수 있을 것이라 생각합니다. 그래서 무작위 추출이 '통계의 대발명'이라고도 일컬어집니다.

더구나 선거 속보와 같은 정확도가 필요치 않고 '대략적인 경향을 알 수 있으면 된다'라는 정도의 조사일 경우는 100개까지도 필요 없고 30개 정도의 샘플이면 상당히 정확하게 경향을 파악할 수 있습니다. 다시 말해, 통계학적으로 의미 있는 조사를 하고 싶다면, 최소한 무작위 추출로 30명에게 물어봐야 합니다.

사내 '인기 투표'에 그치지 않으려면

무작위 추출에 대해 알고 나면 이번 사례의 문제점이 보입니다. 즉 먼저 사내라는 장소의 특성상 아무래도 샘플이 한쪽으로 치우치기 쉽습니다. 그렇게 되면 아무리 샘플 수를 늘린다고 해도 그저 사내 인기 투표에 지나지 않을 수 있습니다.

고객 리스트를 갖고 있다면 거기에서 완전히 무작위로 30명을 선택하여 물어보는 방법도 있습니다. 사내 인기 투표보다는 유익할 것입니다. 그러나 '그동안 상품을 사준 사람'이라는 편견이 개입되는 것을 조심할 필요가 있습니다. 예산이 있다면 리서치 회사에 의뢰해서 무작위 추출에 의한 조사를 하는 것도 좋은 방법입니다.

그렇다면 사내에서의 리서치는 전혀 필요 없는 걸까요. 그렇게 생각하면 사실 아무것도 진행할 수가 없습니다. 그래서 통계학적으로 옳다고는 할 수 없지만, 그에 최대한 가까운 상황을 만드는 방법을 알려주고자 합니다.

그것은 의견을 듣는 사람의 속성을 가능하면 다양하게 하는 것입니다. 예를 들어 '영업부 30대 남성 사원'의 의견을 아무리 모아 봤자 같은 의견일 확률이 높겠죠. 나이, 성별, 소속 부서 등이 다른 사람들에게 의견을 들을 수 있도록 해야 합니다.

그리고 또 하나, 사내 직원의 의견 청취는 의미 있는 일입니다. 직원들을 개입시키기 때문입니다. 의견을 청취함으로써 '나도 상품 개발에 참여하고 있다'라는 의식을 직원들에게 심어줄 수 있습니다.

제조도, 영업도 그 상품에 대한 애착이 강해지면, 그만큼 품질이 좋아지고 영업 활동도 원활해질 수 있습니다. 사실 이러한 효과가 통계학적으로 올바른 답을 찾아내는 것보다 더 클 수도 있습니다. 직원들의 의견을 청취할 때도 막연하게 진행하기보다는, 이런 의도를 가진다면 더욱 원하는 결과에 가까워질 겁니다.

숫자 감각의 힘

샘플은 전체를
추출할 수 있을까

> **Q** 최근 5명의 친구 중에서 3명이 이혼했다. '3쌍 중에서 1쌍이 이혼한다'라는 말을 들어본 적이 있지만, 실제로 이혼율은 그 이상이 아닐까……. 나의 이런 직감은 과연 맞는 것일까?

앞에서 '리서치는 가능하면 100 샘플, 최소한 30 샘플'이라고 말했습니다. 그러면 '5 샘플'은 어떨까요. 위 문제에 대한 답은 바로 이것입니다.

먼저, 5보다 조금 많은 '10 샘플'의 사례를 살펴보도록 하겠습니다.

당신이 동전을 10회 던졌을 때, 앞면이 2회, 뒷면이 8회 나왔다고 합시다. 원래 확률적으로는 앞면이 5회, 뒷면이 5회 나와야 합니다. 그래서 다음과 같은 가설을 세웠습니다.

- 이것은 뒷면이 쉽게 나오도록 부정하게 가공된 동전이 틀림없다.

이 가설은 통계학적으로 증명할 수 있을까요?

이렇게 '앞면이냐 뒷면이냐'와 같이 결과가 두 개밖에 없는 케이스에서 '몇 회 실시하면 얼마만큼의 확률이 되느냐'라는 분포를 '이항분포'라고 합니다. 이것을 계산할 때는 '확률밀도함수'라는 약간 복잡한 계산식을 사용합니다. 정규분포나 편찻값 계산의 친척과 같다고 생각하면 이해하기 쉽습니다.

시험 점수가 분산되어 있는 것처럼, 동전의 앞뒷면이 나오는 횟수도 분산되어 있습니다. 원래는 확률상 50% 정도로 앞면과 뒷면이 나오는 게 맞지만, 6대 4 정도로 나올 때도 있고 10회 연속 앞면이 나올 수도 있습니다.

숫자 감각의 힘

실제로 계산해 보면 동전을 10회 던져서 '앞면 2회, 뒷면 8회'가 나올 확률은 5.5% 정도입니다. 자세한 계산 방법은 생략합니다만, 엑셀로 'BINOM.DIST 함수'를 사용하면 산출할 수 있습니다.

샘플이 적으면 극단적 결과의 가능성도 높아진다

여기서 생각해야 할 것이 표준편차와 편찻값입니다. 2표준편차, 즉 편찻값 70 이상이나 30 이하의 수치는 '대단히 드문 숫자'라고 말했습니다. 구체적으로는 편찻값 30~70 사이에 전체의 약 95%가 포함되어 있습니다.

만약 10회 동전을 던져서 '앞면 2회, 뒷면 8회'가 나올 확률이 이 95%에 포함된다면 '드물지 않은 숫자'가 되는 것입니다. 즉, '동전에 부정한 조작은 없다'가 됩니다. 전체의 95% 중에 포함되면 '통계학적으로 일어날 수 있는 확률'로 보는 것입니다.

좀 전에 산출한 5.5%라는 숫자는 편찻값 67 정도여서 편찻값 30~70 사이에 포함됩니다('숫자 전략 4'파트의 164p 표를 보면 이해하기 쉽습니다). 통계학적으로는 '95% 신뢰구간에서 일어나는 현상'이라고 표현하기도 합니다.

이와 같은 이유로 10회 동전을 던져서 앞면 2회, 뒷면 8회가 나올 확률은 충분히 있을 수 있습니다. 즉, '동전에 조작이 있다고 말할 수 없다'라는 결론이 나옵니다.

하지만 달리 생각하면, 10회라는 샘플 수로는 극단적인 결과가 나올 수 있다는 의미이기도 합니다. 역시 샘플 수 10개는 부족합니다.

동전을 10회 던져서 앞면이 나올 확률

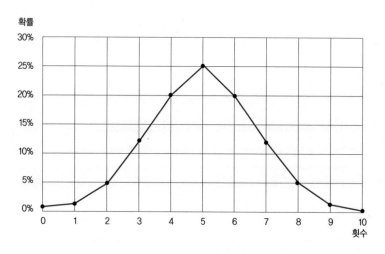

이처럼 적은 샘플 수로 인해, 극단적인 이혼율이 나올 확률도 계산해 보기로 합시다.

세상의 이혼율이 가령 33%(3분의 1)라 하고, 내 주변 사람들

숫자 감각의 힘

의 60%(5분의 3)가 이혼했다고 칩시다. 샘플은 5명. 더욱이 대상이 자신의 주변 사람에 한정되어 있습니다. 통계학적으로 충분히 있을 수 있는 일인지, 아니면 자기 주변에 유독 이혼한 사람이 모여 있는 건지 따져봐야 합니다.

앞에서 했던 것처럼 이 확률도 계산해 보면, 5개의 샘플에서 3쌍이 이혼할 확률은 21%나 됩니다. 즉 21%의 확률로 이러한 현상이 일어나는 것입니다.

편찻값으로 하면 58 정도. 편찻값 70 이상이 '통계학적으로 일어날 확률이 낮은 현상'이라고 생각하면, 자기 주변에서 5쌍 중 3쌍이 이혼했다는 것은 통계학적으로 일어날 수 있는 범위 내라고 할 수 있습니다.

다시 말해, 문제에 대한 답은 '샘플이 적어서 극단적인 숫자가 나왔을 뿐, 결코 내 주변에서 무언가 특별한 현상이 일어나고 있는 것은 아니다'라는 것입니다.

다만, 만약 샘플 수가 30이고 그중에서 18쌍이 이혼했다고 하면, 이야기는 조금 달라집니다.

이혼율은 5쌍 중 3쌍이 이혼하는 케이스와 마찬가지로 60% 입니다. 가령 세상의 이혼율이 3분의 1이라고 하면, 샘플 30쌍 중 이혼하는 커플은 10쌍 정도가 될 것입니다.

그런데 18쌍이나 이혼을 했습니다. 도대체 이 현상이 일어날 확률은 몇 % 정도가 될까요?

이것도 계산해 보면, 0.25% 정도가 됩니다. 편찻값으로 말하면 78입니다. 통계학적으로는 좀처럼 일어나기 힘든 현상입니다. 신뢰구간 95% 훨씬 밖에서 일어나는 현상입니다.

이렇게 되면 '급격하게 이혼율이 높아지고 있다'라는 말은 졸지에 신빙성이 높아집니다. 제가 앞에서 '최소한 30 샘플은 되어야 한다'라고 말한 것은 이와 같은 계산에서 도출된 사실입니다.

그런데 이 까다로운 '신뢰구간' 이야기가 다소 어렵다고 느낄 사람도 있을 것입니다. 그렇다면 '5개나 10개 샘플로 전체를 이야기하는 것은 지나치게 비약적이다, 최소한 30개 샘플 정도는 필요하다'라는 정도만 이해해도 충분합니다.

'이혼율'은 신뢰할 만한 숫자일까?

다음은 이번 주제인 '이혼율'에 대한 이야기입니다. 사람들은 '이혼율'이라는 말을 들으면 결혼한 사람 중에서 얼마만큼의 사람이 이혼하는가를 나타내는 수치라고 생각합니다.

숫자 감각의 힘

구체적으로는 '그해에 결혼한 사람 수'와 '그해에 이혼한 사람 수'의 비율을 그해의 이혼율이라고 생각하는 사람이 많을 것 같습니다.

그러나 그렇게 계산하는 것은 조금 이상합니다. 결혼한 해에 이혼하는 사람은 거의 없습니다. 대부분은 이혼한 해 그 이전에 결혼했고, 그중에는 30년, 40년이 지나서야 '황혼 이혼'을 하는 부부도 있습니다.

다시 말해, 이 계산 방법으로는 '과거에 결혼해서 올해 이혼한 사람'과 '올해 결혼한 사람'의 수를 비교하는 게 되어, 원래는 의미 있는 수치가 될 수 없습니다.

만약 '올해 결혼하면 큰돈을 받을 수 있다'라는 정책이 발표되어 결혼하는 사람이 크게 늘었다면, 일시적으로 이혼율은 감소할 수 있습니다. 그러나 그해에 결혼한 사람들이 그 후 이혼할지 안 할지는 올해의 이혼율과 전혀 다른 문제입니다.

어쩌면 진짜로 'O쌍 중에 O쌍이 이혼한다'라는 의미로 이혼율을 알고 싶다면 어느 해에 결혼한 부부가 50년 후, 60년 후에도 부부 관계를 유지하고 있는지 아닌지를 추적 조사해야 할 것입니다.

참고로 일본의 후생노동성에서는 '1,000명당 이혼 건수'를 이혼율이라 하며, 2019년 수치는 1.7이라고 발표하였습니다.●

● 한국 역시 '1,000명당 이혼 건수'를 이혼율이라고 하며, 통계청 자료에 의하면 2021년 기준 한국의 이혼율은 2.0이다(편집자 주).

숫자 감각의 힘

데이터의 거짓말에
속지 않기 위해

Q 새로운 감염증이 급속도로 퍼지고 있는 가운데, 감염 유무를 판단하는 검사 방법이 새롭게 개발되었다. 정확도는 90%라고 한다. 당분간은 이 정도 정확도면 충분하겠다고 생각했지만, 전문가가 낸 결론은 '전혀 쓸모가 없다'였다. 정확도 90%의 검사 방법이 왜 쓸모가 없는지 이유를 알 수 있을까?

정확도가 90%인데 전혀 쓸모없는 이유

2020년 세계를 강타한 코로나19 바이러스의 위협 속에서, PCR 검사를 둘러싸고 이러한 보도가 여러 차례 반복되었습니다. '무엇을 믿어야 할지 모르겠다'라는 생각을 한 사람들도 많았을 것입니다. 위의 문제는 가상의 사례이지만, '정확도 90%'라는 숫자만 보면 당분간은 걱정하지 않고 사용할 수 있는 방법이라고 느끼는 사람이 많을 것입니다.

그런데 왜 전문가는 '전혀 쓸모가 없다'라는 판단을 내리게 된 걸까요. 몇 가지 답을 유추할 수 있지만, 여기서는 그중에서 한 가지를 소개하도록 하겠습니다.

먼저 생각해야 할 것은 '정확도란 무엇인가'입니다. 즉, 검사 결과가 '맞다'라고 판단했을 때는 어떤 경우였을까요.

여기에는 두 가지 경우가 있습니다. 한 가지는 '음성이었던 사람이 음성으로 판정받은 경우', 또 한 가지는 '양성이었던 사람이 양성으로 판정받은 경우'입니다.

한편 '음성이었던 사람이 양성으로 판정받은 경우'와 '양성이었던 사람이 음성으로 판정받은 경우'는 오판이 됩니다. 그림으로 그리면 다음과 같습니다.

혼동행렬(Confusion Matrix)

	예측 Positive(양성)	예측 Negative(음성)
결과 Positive(양성)	**진짜 양성 : TP** True Positive	**가짜 음성 : FN** False Negative
결과 Negative(음성)	**가짜 양성 : FP** False Positive	**진짜 음성 : TN** True Negative

이 2개가 '정답'

위 그림처럼 예측과 결과를 테이블 형태로 시각화한 것을 '혼동행렬Confusion Matrix'이라고 합니다. 이는 분류 모델에 의한 분류 예측이 실제와 같은지 다른지 평가하는 방법으로, 예측과 실제가 같으면 'True', 다르면 'False'로 표기합니다. 이 모델이 얼마나 정확한 결과를 계산하는지를 객관적으로 측정하고, 살펴볼 수 있습니다.

여기서 극단적인 사례를 생각해 봅시다. 100명 중 1명이 감염자라고 합시다. 그런데 100명 모두에게 '전원 음성'이라는 판정을 했다면 어떻게 될까요. 그렇습니다. '정확도 99%'가 됩니다.

하지만 이런 검사에서 가장 중요한 것은 '양성인 사람을 양성으로 판정하는 것'입니다. 그런데 양성인 감염자를 음성으로 판정했으므로 이 검사는 '정확도 0%'가 되어버립니다.

위 그림 전체의 균형을 보지 않으면 그 검사가 정말로 신뢰할 수 있는 것인지, 아닌지를 판단할 수 없게 됩니다. 위의 문제처럼 정확도 90%는 매우 의미 없는 확률일 수 있습니다.

왜 '가짜 양성'이 자꾸 늘어날까

참고로 이 이야기는 코로나19 바이러스는 물론 의료 AI 세계에서는 대단히 중요한 관점입니다.

최근 AI에 의한 질병 판정이 빠르게 발전하고 있습니다. 의사가 놓칠 수 있는 질병의 징후를 AI가 발견해 주는 것입니다.

이는 매우 의미 있고 바람직한 일이지만, 만약 AI가 그 징후를 놓쳐버리면 질병은 그대로 진행되어 버립니다.

그것을 방지하기 위해서 '양성' 판정의 범위를 넓힙니다. 그렇게 되면 어쩔 수 없이 실제로는 양성이 아닌데도 양성 판정을 받는 사람, 즉 '가짜 양성'인 사람이 늘어나게 됩니다. 가짜 양성이

숫자 감각의 힘

너무 많으면 검사의 신뢰성을 잃게 됩니다. '그 균형을 어떻게 잡아야 할지'가 숙제네요. 의료 AI에 종사하는 사람들은 이 문제로 밤낮없이 골머리를 앓고 있습니다.

의료 AI와 같은 정밀한 숫자 분석이 필요한 세계가 있는가 하면, 세상에는 조금 이상한 조사 기법이나 숫자 해석을 하는 경우도 있습니다.

예를 들어, 어떤 식품을 먹게 하고 90%가 '맛있다'라고 답했다고 하는 조사 같은 것 말입니다. 웬만한 편식가가 아닌 이상 제공된 음식을 먹으면 대부분은 '맛있네'라고 생각하지 않을까요.

질문 방법에 문제가 있는 경우도 있습니다. '노후에 대한 불안이 있습니까?'라고 물으면, 대부분의 사람은 '있다'라고 대답할 것입니다. 그런데 '노후에 대해 어떤 인상을 가지고 있습니까?'라고 물으면, '불안하다'라는 대답 이외에도 '유유자적', '평생 현역' 등과 같이 다른 답도 나올 것입니다.

진짜 양심적인 조사라면 그 조사가 어떻게 이루어졌는지 상세하게 적혀 있습니다. 조사 결과를 볼 때는 반드시 그것까지 체크해야 정확한 정보를 얻을 수 있습니다.

◆ 리서치는 가능하면 '100 샘플', 최소한 '30 샘플'은 돼야 신뢰할 수 있다.

◆ 가장 정확한 조사 방법은 사실 모든 샘플을 조사하는 것이다. 이것을 '전수조사'라고 한다.

◆ 무작위로, 즉 완전히 랜덤하게 샘플을 추려서 조사함으로써 전수조사를 하지 않고 전체의 경향을 거의 정확하게 파악하는 것을 '무작위 추출'이라고 한다. 이 최소한의 수를 대략 '100'으로 본다.

◆ 선거 속보와 같은 정확도가 필요치 않고 '대략적인 경향을 알 수 있으면 된다'라는 정도의 조사일 경우는 30개 정도의 샘플이면 통계학적으로 의미 있다고 본다.

◆ 예측과 결과를 테이블 형태로 시각화한 것을 '혼동행렬'이라고 한다. 이는 분류 모델에 의한 분류 예측이 실제와 같은지 다른지 평가하는 방법으로, 예측과 실제가 같으면 'True', 다르면 'False'로 표기한다. 해당 모델이 얼마나 정확한 결과를 계산하는지를 객관적으로 측정하고, 살펴볼 수 있다.

◆ 감염증 유무를 판별하는 검사의 정확도가 '90%'라고 한다면, 언뜻 신뢰도가 꽤 높은 것 같지만 전혀 쓸모없는 것일 수도 있다. 먼저 생각해야 할 것이 '정확도란 무엇인가'이다. 음성인 사람을 음성으로 판정하고, 양성인 사람을 양성으로 판정해야 정확한 것인데, 10명 중 1명이라도 오판할 경우 사실상 높은 정확도마저도 무용지물이 되어버린다.

숫자 전략 ⑥

THE
SENSE
NUMBE

예상을 벗어난
수치가
오히려 기회다

: 빅데이터를 상대하는 힘 '다변량 해석'

세상은 그리 심플하지 않기 때문에 한 가지 요인이 한 가지 결과만을 끌어내는 경우는 드뭅니다. 여러 요인이 얽혀 영향을 주고받게 마련입니다. 이처럼 복수의 요인을 통해 결과를 끌어내는 방법을 '다변량 해석'이라고 합니다. 요사이 각광받고 있는 빅데이터 분석가나 데이터 사이언티스트가 하는 일은 이 '다변량 해석'을 기반으로 하는 것이 많습니다. 각 분야의 IT화, 디지털화가 진행되면서 개인의 열람 데이터나 구독 데이터뿐만 아니라 행동 데이터까지 얻을 수 있게 되었습니다. 이러한 데이터를 사용해 오프라인 점포나 전자상거래에서의 매출, 신제품의 매출, 최적의 재고량 계산, 가격 할인을 통한 판매 증가 등을 예측할 수 있으며, 과거에 비해 이 작업이 훨씬 정밀하게 진행되고 있습니다.

매장이 넓어지면
매출도 올라간다?

╭ ╲╱ ╲╱ ╲

Q 소매 체인의 슈퍼바이저로 일하고 있는 당신. 담당하는 점포의 매출과 면적을 표로 만들었더니 전체적인 경향이 매장 면적이 넓을수록 매출이 높은 것으로 보였다. 그래서 '매출 증가를 위해서 점포를 대형화하자'라고 제안했지만, '정말로 매출과 면적이 비례한다고 말할 수 있는가'라는 반론이 되돌아왔다. 어떻게 설득하면 좋을까.

데이터의 상관관계를 도출하는 '회귀분석'

'매장 면적을 넓히면 매출이 오른다.' 언뜻 보면 당연한 것처럼 보입니다. 그러나 실제로는 작더라도 잘되는 가게는 많이 있고, 아무리 면적이 넓어도 그에 비례해 매출 증가를 기대할 수 없다면 의미가 없습니다.

여기서 기억했으면 하는 것이 '일차함수'입니다. 'y=ax+b'라는 수식으로 표현되는 것으로, 함수라는 것은 즉 '하나의 값이 결정되면 다른 하나의 값은 자동으로 결정된다'라고 생각하면 됩니다.

예를 들어,

- $y=2x+5$

라는 식이 있으면, x가 2면 y는 9가 됩니다.

- $y=2 \times 2+5=9$

이것을 x축과 y축의 이차원 그래프로 나타내면 다음의 그림과 같습니다.

y=2x+5

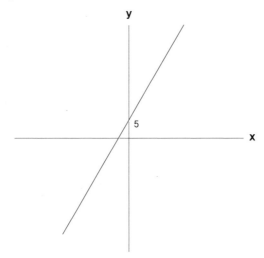

그럼 이번 문제의 '매장 면적이 넓을수록 매출도 늘어난다'를 증명하고 싶다면, 이처럼 알기 쉬운 일차함수로 나타낼 수 있으면 베스트입니다. 예를 들어,

- y(매출액) = 2x(매장 면적) + 10

라는 법칙성이 있으면 대단히 이해하기 쉽습니다. 이 경우, 매장 면적이 30평이라면 매출은 700만 원, 면적이 그 배인 60평이면 매출은 1,300만 원이 됩니다.

그러나 이렇게 단순한 계산이 성립하면 고생할 필요가 없습니다.

그러면 각 체인점의 매출과 매장 면적의 관계가 아래의 표와 같다고 했을 때 '매장 면적이 넓을수록 매출이 늘어난다'를 증명할 수 있는지 생각해 봅시다. 이 숫자를 표현한 것이 '매장 면적과 매출의 관계' 그래프입니다.

매장	평수	월 매출(만 원)
A	30	850
B	45	950
C	52	1,900
D	56	1,550
E	58	1,680
F	60	1,800
G	66	1,820
H	80	2,500
I	85	2,200
J	90	3,820
K	100	2,900

L	120	3,680
M	125	3,400
N	130	3,700

매장 면적과 매출의 관계

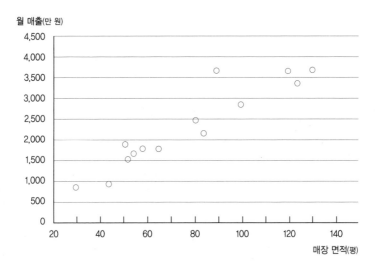

월 매출(만 원)

매장 면적(평)

여기서 도움이 되는 것이 '회귀식'입니다. 회귀식은 변수 간의 인과관계를 표현하는 식입니다.

우선 앞의 그래프에 선 하나를 더해 보겠습니다. 다시 말해, 이번 문제의 '매장 면적이 넓을수록 매출도 늘어난다'를 증명하

'근사선'을 그어 보면

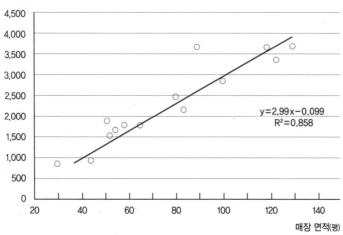

월 매출(만 원)

$y=2.99x-0.099$
$R^2=0.858$

매장 면적(평)

기 위해서는,

① 먼저, 실제 매장 면적과 매출 데이터를 기초로 '회귀식'을 계산한다.

② 그다음, 그 회귀식의 '결정계수'를 계산한다.

③ 회귀식이 '매장 면적이 넓어지면 매출도 늘어나게' 되어 있고, 동시에 결정계수도 높으면 비로소 '매장 면적이 넓을수록 매출도 늘어난다'라고 말할 수 있다.

이같은 단계를 밟게 됩니다.

212

숫자 감각의 힘

앞에서 회귀식 계산은 복잡하다고 말했습니다. 결정계수 계산은 그렇게까지 복잡하지 않지만, 숫자에 익숙하지 않은 사람에게는 역시 이해하기 힘든 계산일 것입니다(구체적으로는 '결정계수R^2 = 예측값의 제곱합/실측값의 제곱합'이 됩니다).

지금은 정말 고맙게도 회귀식 계산도 결정계수 계산도 엑셀이 한 방에 해결해 줍니다. 엑셀의 '분석 도구'라는 기능을 애드온(추가)할 필요가 있지만, 이 분석 도구를 사용하여 '회귀분석'을 선택하면, 한 방에 회귀식 및 결정계수를 산출할 수 있습니다.

시험 삼아 이 예의 매장 면적과 매출 숫자를 넣어 보면, 다음과 같은 답이 산출됩니다.

• 회귀식(x = 매장 면적, y = 매출)
y = 2.99 x - 0.099

• 결정계수
R^2 = 0.858

대략적이긴 하지만, 회귀식을 통해서 '면적의 약 3배 정도의 매출이 발생한다'는 사실을 알 수 있습니다. 그리고 그 결정계수가 0.858, 즉 약 85%가 됩니다. 이렇게 결정계수가 높으면 '면적이 넓을수록 매출도 늘어난다'라고 말해도 괜찮은 정도입니다.

번거롭긴 했지만, 여기까지 와서야 겨우 '상관이 있다'라고 말할 수 있게 되었습니다. 이처럼 데이터 간의 상관관계를 도출하는 분석 방법을 '회귀분석'이라고 부릅니다.

회귀식 자체는 상당히 흩어져 있는 데이터라도 산출할 수 있습니다. 다만, 그 경우 결정계수가 현저하게 낮아집니다.

일반적으로 결정계수가 0.5 이상이면 상관관계가 성립한다고 봅니다. 반면, 0.8처럼 매우 높은 상관관계가 나오는 경우는 오히려 계산 방법에 오류가 있는 건 아닌지 의심이 들기도 합니다. 세상이 그렇게 심플하지 않기 때문일지도 모릅니다. 데이터 사이언티스트는 이러한 감각을 가지고 데이터를 상대합니다.

'이상값'에서 힌트를 찾아라

사실 이 책에서 '가능한 한 어려운 숫자를 사용하지 않는다'라고 선언했는데도 불구하고, 이 장에서는 어려운 숫자와 계산식을 사용하고 말았습니다.

그 대신이라고 하기엔 뭐하지만, 복잡한 계산 없이 앞에서 제

'이상값' 찾기

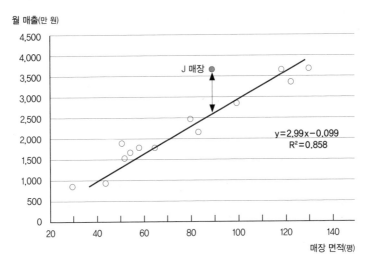

월 매출(만 원)

y=2.99x−0.099
R²=0.858

매장 면적(평)

시한 것과 같은 데이터를 활용하는 방법을 소개하도록 하겠습니다. 그것이 '이상값^Outlier'입니다.

다음 그래프 속 J 매장의 매출을 봐주십시오. 회귀식의 근사선보다 상당히 위에 있는 것을 알 수 있습니다. 이것은 즉, 매장 면적이 작은 것에 비해 매출이 많다는 것. 평당 효율이 높다고 할 수 있습니다.

이런 매장을 발견했다면 기회입니다. 거기에는 무언가 '매출을 올리는 힌트'가 있을 가능성이 높기 때문입니다.

상품 진열에 특별함이 있을지도 모릅니다. 친절한 접객으로 고객의 마음을 사로잡고 있는지도 모릅니다. 또는 매주 배포하는 전단지에 비밀이 있을지도 모릅니다.

이렇게 조사해 본 결과, 예를 들어 '평일과 주말 고객층의 차이에 맞춰 진열 방법을 달리한 것이 효과를 발휘했다'라는 사실을 알게 되었다면, 그 방법을 다른 매장에도 적용할 수 있습니다. 그러면 전체 체인점의 매출을 끌어올릴 수 있습니다.

이것은 '벤치마킹'이라 불리는 분석 기법입니다. 성공 사례에서 성공 요인KSF : Key Success Factor을 찾아내는 고전적인 기법이지만, 컨설팅 업계에서는 여전히 자주 사용되고 있습니다.

이러한 이상값을 찾을 때 근사선이 있으면 알기 쉽지만, 없어도 이상값은 눈에 띄기 때문에 금방 찾게 마련입니다. 꼭 자기 주변 데이터의 '이상값'을 찾아보길 바랍니다.

누군가의 주장을 '계산식'으로 만든다면

Q 최근, 젊은 직원들의 이직률이 높아지는 우리 회사. 부장님은 "젊은 세대가 의욕이 없기 때문이다!"라고 주장하며 의욕 있는 젊은 직원을 좀 더 신경 써서 선발하라고 인사부를 압박하고 있다. 그런데 그게 정말 맞는 걸까?

정말 의욕이 없어 이직률이 높은 걸까?

흔히 있을 법한 이야기입니다. 결론이 이상한 방향으로 흘러 '역시 체육 계열의 사람을 채용해야 한다'라는 이해하기 힘든 지시가 내려올 때도 있습니다. 그런데 실제로 '누가 봐도 의욕이 없어 보이는 젊은 직원'이 있는 것도 사실입니다. 그렇다면 부장님의 압력에 어떻게 대처하면 좋을까요.

이 책은 숫자와 통계에 관한 책이므로, 부장님의 주장을 '계산식'으로 만들어보도록 하겠습니다. 부장님의 주장은 '의욕의 크기가 이직률을 결정한다'라는 것. 이것은 말하자면 일차함수입니다.

의욕을 수치화한다는 것이 쉬운 일이 아니지만, 만일 어떤 테스트를 이용하여 1~10까지의 점수를 매긴다고 합시다. 1이 가장 낮고 10이 가장 높은 상태입니다. 점수에 따라 이직률이 결정된다는 것은 예를 들어 다음과 같은 것입니다.

- y(이직률) = $100 - 10x$(의욕도)

이 식에 적용하면 의욕도가 1(가장 낮음)인 경우,

- $100 - 10 \times 1(x) = 90$

숫자 감각의 힘

즉, 이직률 90%가 됩니다.

한편, 의욕도가 10인 경우,

- $100 - 10 \times 10(x) = 0$

이직률은 0%가 됩니다.

이것으로 부장님의 말하는 '의욕이 없어서 이직률이 높은 것이다'라는 주장을 수식화했습니다.

'PAC 사고'로 논리의 비약을 증명하다

이걸 보고 많은 사람이 이렇게 생각하지 않을까요.

'이직률이 그렇게 단순하게 결정되는 게 아니지 않나?'

이런 의문을 가지는 것은 당연한 일입니다. 희망하는 직종과 실제 취업한 직종이 다른 경우도 있을 것이고, 상사나 동료와의 인간관계도 큰 요인이 됩니다. 이직 시장이 활성화되어 있을수록 다른 회사로부터의 스카우트 제안도 많을 것입니다.

다시 말해, 부장님 발언의 문제점은 '여러 가지일 수 있는 요인을 오로지 한 가지라고 생각한 것'입니다.

여기서 소개하고 싶은 것은 'PAC 사고'입니다.

- Premise (전제/사실)
- Assumption (가정/조건)
- Conclusion (결론/주장)

PAC 사고

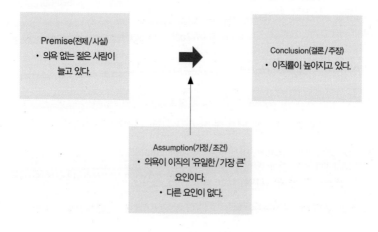

PAC는 세 단어의 앞 글자를 딴 것으로, 논리 구축의 기본을 이루는 생각입니다. '전제/사실'과 '결론/주장' 사이에 있는 '가정/조건'은 무언가를 생각하고, 그것이 정말로 옳은 것인가를 판단하는 것이 이 PAC 사고의 포인트입니다.

이를 앞의 문제에 적용하면, 사실은 '의욕이 없는 젊은 사람이 늘고 있다', 결론은 '그래서 이직률이 높아지고 있다'가 됩니다.

그 사이에 존재하는 '가정/조건'을 생각해 보면 다음과 같이 됩니다.

- 의욕 없음은 일을 그만두는 유일한, 또는 가장 큰 이유이다.
- 젊은 사람이 회사를 그만두는 이유로 다른 것이 있을 수 없다.

이렇게 사실과 결론 사이에 있는 '가정/조건'을 생각해 보면, 결론이 성립되는지 아닌지가 분명하게 보입니다.

실제로 세상에는 단 한 가지의 요인으로 결론을 내리려고 하는 경우가 넘쳐납니다. '이 약을 먹으면 살이 빠진다', '이 음식을 먹으면 오래 살 수 있다'…… 등등. 이것들은 모두 '$y = ax + b$'라는 일차함수에 억지로 꿰맞췄다고밖에 생각할 수 없습니다.

따라서 조금이라도 결론이 이상하다고 느껴진다면 이 'PAC 사고'의 프레임으로 생각해 보는 것을 추천합니다.

그런데 어쩌면 독자들 중에는 '분명 의욕만으로 이직률이 결정된다고 볼 수 없다. 하지만 생각할 수 있는 다른 요인을 모두 찾아낼 수 있다면, 이직률을 계산할 수 있는 식을 만들 수 있지 않을까?'라고 생각한 경우가 있을지 모릅니다.

사실은 이것이 대단히 중요한 관점입니다. 왜냐면 이런 발상이야말로 현재의 세계를 읽어낼 수 있는 열쇠이기 때문입니다.

자세한 내용은 다음에 이어서 설명하도록 하겠습니다.

숫자 감각의 힘

와인의 가격을 결정하는 수식이 있다?

Q 와인을 좋아하는 나. 같은 산지라도 만들어진 해에 따라 맛이 다르거나, 의외로 비싼 가격이 붙는 것이 와인의 묘미다. 그러나 통계학을 전공한 친구는 '일조시간이나 기온으로 가격이 책정되는 모델을 만들 수 있다'라고 말한다. 그런 재미없는 이야기는 별로 믿고 싶지 않다. 그런데 정말 가능한 걸까?

답은 '가능하다'입니다. 사실 이 문제는 실제로 있었던 이야기를 모델로 하고 있습니다.

와인의, 특히 레드 와인의 맛이나 가격이 산지나 포도의 품종은 물론 기후나 숙성 기간에 따라 달라진다는 것은 오래전부터 알려진 사실입니다. 그 외에도 그 해 다른 지역 와인의 질이 좋은지 안 좋은지, 경제 상황이나 주식 가격, 혹은 전문가에 의한 테이스팅 리포트와 점수 평가 등 다양한 요소가 와인의 가격을 결정한다고 알려져 있습니다.

그중에서 〈Journal of Wine Economics, Volume7〉(2012년)에 발표된 리포트가 화제가 되었습니다. 이 리포트에 의하면 와인 가격은 다음과 같은 수식으로 표현할 수 있습니다.

- 보르도 와인 가격(런던 옥션에서의 가격)
= 0.0238 × 숙성 연수
+ 0.616 × 포도 생육기(4~9월)의 평균 기온
- 0.00386 × 8월의 강수량
+ 0.001173 × 포도 생육 전기前期(10~3월)의 강수량

이것이 의미하는 것은 숙성 연수(빈티지), 생육기의 평균 기온, 수확기의 강수량, 생육 전기의 강수량, 네 가지 요인으로 와인 가

격이 결정된다는 것입니다. 다시 말해, 그렇게 복잡하게 생각했던 와인 가격이 사실 단 네 가지 변수로 결정된다는 것이 밝혀진 것입니다.

참고로 이 모델의 '결정계수'는 0.828, 즉 약 83%의 확률로 맞출 수 있다는 것. 이 숫자가 높았던 것도 리포트가 좋은 평가를 받은 것에 기여했습니다.

복수의 요인을 고려하는 '다변량 해석'

이 모델을 조금 더 자세하게 설명해 보겠습니다.

먼저, '0.0238 × 숙성 연수'라는 것은, '와인을 1년 숙성시키면 가격이 2.4% 오른다'라는 의미가 됩니다. 와인을 숙성시킬수록 가격이 상승한다는 것이 상식이지만, 그 상승률이 '1년에 2.4%'라는 수치가 정확히 밝혀진 것입니다.

다음으로 '0.616 × 포도 생육기(4~9월)의 평균 기온'은 포도 성장기에 해당하는 4월부터 9월까지의 평균 기온이 가격에 영향을 미친다는 것으로, 구체적으로는 0.1℃ 오르면 가격이 6.2% 오릅니다.

계속해서 '0.00386 × 8월의 강수량'인데, 여기만 마이너스인 것에서 알 수 있듯이 8월의 강수량이 늘어나는 것은 가격 하락의 요인이 됩니다. 구체적으로는 강수량이 1㎜ 늘어나면 가격이 0.4% 내려간다는 계산입니다.

반면, 포도 생육 전기인 10월부터 3월까지에 관해서는 오히려 강수량은 플러스 요인으로 작용합니다. '0.001173 × 포도 생육 전기(10~3월)의 강수량'은 강수량이 1㎜ 늘어나면 가격이 0.1% 올라간다는 것을 의미합니다.

참고로 숙성 연수나 기온과 같은 독립된 수치를 '독립 변수', 독립 변수에 의해 변화하는 값을 '종속 변수'라고 합니다. 여기서는 와인 가격이 종속 변수가 됩니다. 영향을 주는 것이 독립 변수, 영향을 받는 것이 종속 변수라고 생각하면 됩니다.

이처럼 한 가지 요인만이 아니라 복수의 요인을 통해 결과를 끌어내는 방법을 '다변량 해석'이라고 합니다.

앞에서 한 가지 요인과 또 다른 한 가지 요인의 상관관계를 보기 위한 '회귀식' 및 '회귀분석'에 대해서 설명했습니다. 그것을 'y = ax + b'라는 일차함수로 나타낼 수 있었는데, 다양한 요인의 관계를 분석하는 다변량 해석은,

- $y = ax_1 + bx_2 + cx_3 + dx_4 + ex_5 \cdots$

라는 식으로 만들 수 있습니다. 이때 사용되는 회귀분석을 '중 회귀분석'이라 부릅니다.

AI 시대에 꼭 필요한 기술

사실 최근 몇 년 사이의 키워드라고 할 수 있는 '빅데이터 분석가' 나 '데이터 사이언티스트'가 하는 일은 이 '다변량 해석'을 기반으로 하는 것이 많습니다.

IT화, 디지털화가 진행되면서 다양한 종류의 많은 데이터를 얻을 수 있게 되었습니다. 그중에서도 가장 방대하고 변화도 큰 것이 모바일인데, 개인의 열람 데이터나 구독 데이터뿐만 아니라 이제는 행동 데이터까지 얻을 수 있게 되었습니다.

이러한 데이터를 사용하면 여러 가지 분석을 할 수 있습니다.

예를 들어 예측입니다. 오프라인 점포나 전자상거래에서의 매출 예측, 신제품의 매출 예측, 최적의 재고량 계산, 가격 할인을 통한 판매 증가 예측 등이 과거에 비해 훨씬 정밀하게 진행되고 있습니다.

또 고객 만족도와 그것에 영향을 미치는 요소의 관계를 밝혀서 가장 효과적인 방법을 찾습니다. 데이터 샘플을 몇 개의 그룹으로 분류하여 전체의 경향을 파악하기도 합니다. 사원들을 대상으로 한 설문조사를 통해 회사 만족도를 높이기 위해 최우선으로 힘써야 할 것이 무엇인지도 찾을 수 있습니다.

이런 분석의 바탕이 되는 것이 '다변량 해석'입니다.

예를 들어, 어떤 슈퍼마켓의 매출액을 예측할 때 그 요인이 되는 것이 주로 '주변 교통량', '광고량', '특판 일수', '강수량'으로 결정된다면,

- y(슈퍼마켓 매출액) = a × 주변 교통량 + b × 광고량 + c × 특판 일수 − d × 강수량

이라는 식을 만들 수 있습니다.

문제가 되는 것은 각각의 '계수'(수식의 a~d)입니다. 예를 들어 와인의 예에서는 '0.0238 × 숙성 연수'(1년 숙성하면 가격이 2.4% 오른다) 등의 계수가 설정되어 있었습니다.

결과에 큰 영향을 미치는 것일수록 계수가 커지고, 영향을 적게 미치는 것은 작아집니다. 광고량을 1만큼 늘리는 효과와 특판

일을 1일 늘리는 효과는 어느 정도 차이가 있는지에 대한 데이터를 참조하면서 계수를 결정해 갑니다.

어떤 변수에 어느 정도의 계수를 곱하면 좋을까. 이를 좀 더 과학적으로 분석하기 위해, 데이터 사이언티스트는 다변량 해석 전용 소프트웨어를 사용하여 계수의 정밀도를 높여갑니다. 이것을 실용 수준까지 가져가려면 엄청난 시간과 노력이 필요합니다.

더욱이 AI가 이런 작업을 자동으로 해주면 분석할 수 있는 세계는 좀 더 넓어집니다. 정확하게는 AI에서는 다변량 해석뿐만 아니라 '뉴럴 네트워크Neural Network(신경망)'라는 기법이 사용되는데, 그 기반이 되는 것이 다변량 해석입니다.

앞에서 '의욕만으로 이직률이 결정된다고는 할 수 없지만, 생각할 수 있는 다른 요인을 모두 찾아낼 수 있다면 이직률을 계산하는 식을 만들 수 있다'라고 말했습니다.

사실은 비슷한 사례가 있습니다. 최근 화제가 되었던 것이 '채용자의 내정 사퇴율을 AI가 예측한다'라는 것입니다.

취업 정보 사이트를 운용하는 회사가 학생의 속성이나 행동 이력을 AI로 분석하여 채용 내정자의 예측값을 산출, 그 데이터를 기업 쪽에 제공하고 있었던 것이 밝혀지기도 했습니다.

자세한 내막은 알 수 없지만, 아마도 출신 대학이나 성적, 온

라인 페이지 열람 이력 등 비교적 심플한 변수를 활용한 예측 모델이었다고 추측됩니다. 이것은 앞에서 말한 와인 가격을 네 가지 변수로 예측한 것과 원리는 같다고 보면 됩니다.

이 사건은 '학생의 개인 정보를 본인의 허가 없이 서비스에 이용했다'고 하여 큰 문제가 되었습니다. 그러나 저는 좀 더 근본적인 문제가 있다고 생각합니다.

애초에 이 수치가 산출된 배경에는 채용이 내정된 것은 좋았지만, 사퇴자가 속출하여 기업의 인사담당자가 매우 곤혹스러워하고 있었던 것에 있습니다.

채용의 원래 목적은 '앞으로 회사에 공헌할 수 있는 우수한 인재를 확보하는 것'입니다. 그러나 그 인재가 회사에 공헌했느냐 못 했느냐를 알 수 있는 것은 먼 미래의 일입니다.

인사담당자로서는 '원래 예정되어 있던 인원수를 확보할 수 있느냐', '채용 내정자 중에 사퇴하는 사람은 없는지'가 걱정되는 것이 사실입니다.

그렇다면 '이 학생은 분명 미래에 회사에 도움이 될 것이다'라고 판단하여 채용을 내정했지만, AI가 도출한 그 사람의 채용 내정 사퇴율이 높다면 인사담당자는 어떻게 해야 할까요.

'이 채용 내정자가 도중에 사퇴해 버릴 거라면, 차라리 능력이 조금 부족하더라도 사퇴하지 않을 것 같은 사람을 뽑는 게 낫다'.

숫자 감각의 힘

이런 판단을 해도 무리는 아니라고 생각합니다. 그러나 그것은 채용의 원래 목적을 생각하면 올바른 판단이라고 할 수 없습니다.

실제로 그와 같은 목적으로 사용했는지는 알 수 없지만, 사용하기에 따라서 수치라는 것은 역효과를 낼 수 있습니다. 그것도 꼭 기억했으면 좋겠습니다.

앞으로 AI는 일상의 거의 모든 분야에 관여할 것이 확실합니다. 그런 시대에 대응하기 위해서는 '다변량 해석'에 관한 지식이 필수가 될 것입니다. 이를 잘 활용할 줄 아는 힘이 변화하는 세계에 한 발짝 더 다가서는 방법이 될 것이라 확신합니다.

◆ 매장 면적과 매출의 상관관계, 이를테면 '매장 면적이 넓을수록 매출도 늘어난 다'를 증명하고 싶다면, 'y(매출액) = 2x(매장 면적) + 10'과 같은 알기 쉬운 일 차함수로 나타내 보자.

◆ 단순한 계산만으로 데이터의 상관관계를 증명하기 어려울 때는 '회귀식'을 사 용한다. 회귀식은 변수 간의 함수 관계를 나타내는 식이다.

◆ 회귀식 자체는 상당히 흩어져 있는 데이터라도 산출할 수 있다. 다만, 그 경우 결정계수가 현저하게 낮아진다.

◆ 일반적으로 결정계수가 0.5 이상이면 상관관계가 성립한다고 본다. 반면, 0.8 처럼 매우 높은 상관관계가 나오는 경우는 오히려 계산 방법에 오류가 있는 건 아닌지 의심해 봐야 한다.

◆ 데이터 값의 점을 이어서 그린 근사선보다 상당히 떨어진 곳에 '이상값'이 있을 때는 왜 그 값이 도출됐는지 살펴보자. 거기서 매출을 올릴 힌트나 기회를 발견할 수도 있다.

◆ PAC 사고는 '전제/사실(Premise)'과 '결론/주장(Conclusion)' 사이에 있는 '가정/조건(Assumption)'은 무언가를 생각하고, 그것이 정말로 옳은 것인가를 판단하는 사고이다. 이를 통해 일차함수에 억지로 꿰맞춘 생각을 바로잡을 수 있다.

◆ 한 가지 요인과 또 다른 한 가지 요인의 상관관계를 보기 위한 회귀식은 '$y = ax + b$'라는 일차함수로 나타낼 수 있다. 한편, 다양한 요인의 관계를 분석하는 다변량 해석은 '$y = ax_1 + bx_2 + cx_3 + dx_4 + ex_5 \cdots$'와 같은 식으로 나타낼 수 있다. 이때 사용되는 회귀분석을 '중회귀분석'이라 부른다.

◆ 다양한 데이터의 수집이 광범위하고 세심하게 이뤄지는 AI 시대에는 '다변량 해석'을 제대로 활용하는 힘이 무기이자 경쟁력이 될 것이다.

숫자는
불확실한 세상을 명확히 하는 도구

지금까지 일이나 생활에 도움이 되는 숫자에 관한 이야기를 했습니다. 되도록 복잡한 수식을 사용하지 않으려 노력했지만, 그런데도 중간중간 꽤 많이 등장한 것 같습니다.

물론 이런 수식을 기억할 수 있다면 더할 나위 없겠죠. 그러나 제가 그것보다 더 강조하고 싶은 것이 있습니다. 앞에서도 힘주어 말했지만, 그것은 '숫자로 생각하는 습관'이 몸에 배는 것입니다. 이것이 왜 이토록 중요한지, 변화하는 시대의 흐름에 따른 몇 가지 예를 통해 다시 짚어보겠습니다.

사실 직장에서 일어나는 문제는 단 한 가지 이유로 발생하는 경우는 거의 없습니다. 다양한 요인의 영향을 받을 수 있고, 이를 '다변량 해석'의 틀로 분석해 볼 수 있습니다. 이런 관점을 가지고 있다면, 직장에서 일어나는 문제를 해결할 수 있는 폭이 확연히 넓어질 것입니다.

젊은 직원들의 이직률이 높아지고 있다고 해볼게요. 한 가지 요인만이 아니라 유기적으로 얽혀 있는 다양한 요인들을 최대한 생각해 봅니다. 다음으로 어떤 요인이 어느 정도 영향을 미치는가를 생각합니다. 말하자면 '계수'를 산출하는 것입니다. 그리고 계수가 높은 것부터 해결해 나갑니다.

이때 중요한 것은 '미시'입니다. 사고법에 관한 책에 자주 등장하는 '미시MECE'는 'Mutually Exclusive Collectively Exhaustive'의 앞글자를 딴 것으로, '겹치지 않고 빠짐없이'로 번역됩니다. 여러 대상을 상호 중복 없이, 누락이 없도록 생각하는 것으로 '중복과 누락이 없는 분류의 기술'이라고 이해하면 됩니다.

미시의 예로 '아침·점심·저녁', '국산·수입', '과거·현재·미래', '동·서·남·북', '봄·여름·가을·겨울' 등이 있습니다. 반면, '20대·30대·40대·50대'는 미시 사고법이 될 수 없죠. 20대 미만과 60대 이상이 누락되었기 때문입니다.

미시 사고법을 비즈니스에 적용한 성공 사례로는 맥도날드의 '맥모닝' 세트가 있습니다. 본래 맥도날드는 '점심'과 '저녁' 위주로 영업했지만, 미시 사고법에 의해 '아침' 세트인 '맥모닝'을 개발했고, 큰 성공을 거두었습니다.

숫자로 사고하고 숫자로 분석할 때도 이 미시 사고법에 의해 대상을 분류할 수 있어야 합리적 결론을 도출할 수 있습니다. 이처럼 숫자로 생각하는 힘과 논리적으로 생각하는 것은 대단히 밀접한 관계를 가지고 있습니다.

이런 예도 살펴볼 수 있습니다. 요즘 젊은 사람들은 부담 없이 매칭 앱을 사용하는데요. 이에 대해 좋지 않게 보는 시선도 있지만, 사실 통계학적으로 생각하면 매칭 앱으로 만난 사람들과의 인간관계가 더 잘될 가능성이 큽니다.

예전에는 사람을 만날 수 있는 기회가 같은 학교 친구나 직장 동료, 혹은 소개팅 등으로 한정되어 있어서 샘플 수가 기껏해야 수십 명이었습니다. 그렇게 한정된 샘플 속에서 자신에게 맞는 상대를 찾아야 했습니다.

반면, 매칭 앱 가입자는 비교할 수 없을 만큼 많습니다. 취미나 성격 등을 살펴보고 나에게 맞을 것 같은 상대를 선별해 주기도 하기에 나와 맞는 사람을 만날 확률은 매칭 앱이 훨씬 더 높습니다.

어쩌면 결혼 상대를 고르는 것을 포함하여, '주변 사람들 중에서 상대를 찾는 것이 리스크가 높다'라는 것이 상식이 되는 시대가 올지도 모릅니다.

과학 기술의 진화에 따라 인간관계도, 사회의 모습도 변해야 합니다. 과거의 방법이 옳다고 굳게 믿는 것은 스마트폰 시대에 파발꾼을 사용하여 말을 전하는 것이 더 낫다고 생각하는 것과 다를 바 없습니다.

커뮤니케이션 스타일도 달라지고 있는데요. 예를 들어, 온라인에서 대화할 때 상대의 감정을 AI가 분석하는 연구가 진행되고 있습니다. 상대의 기분이 약간 상한 순간을 포착해 화제를 바꾸거나, 관심 있는 화제에 대해 좀 더 깊이 있는 대화를 유도하는 데 AI가 도움을 줄 것을 기대하고 있습니다.

여기에 더해, 자신의 발언을 상대가 쉽게 받아들일 수 있도록 자동으로 변환하여 전달하는 AI를 사용하게 될 수도 있습니다. 실제로 AI가 문장을 체크하여 좀 더 원활한 대화가 되도록 표현을 자동으로 추천해 주는 기능은 이미 현실화되고 있습니다.

이런 기술이 발전하면 '직접 대화를 하는 것이 두렵다'라고 느끼는 세상이 올지도 모릅니다. 상대의 감정을 인식할 수 없는 것이 부담이 될 수 있으니까요.

어쨌거나 일상생활의 모든 장면을 '숫자로 관리하는' 시대는 반드시 올 것이라 생각합니다.

예를 들어, 탄소 중립은 전 세계적으로 주목받고 있는 키워드입니다. 탄소 중립을 실천하지 않는 기업은 비판에 휩싸이고, 주가에 부정적인 영향을 주기도 합니다.

이러한 흐름이 개인에게도 영향을 줄 가능성은 충분히 있습니다. 예를 들어 소고기를 먹는 것보다 콩고기를 먹는 것이 환경에 도움이 된다고 알고 있는데, 그것이 수치화되어 소고기를 먹을 때마다 CO_2 수치가 계산되거나, 대중교통보다 환경 부담이 큰 자동차로 이동할 때의 CO_2 수치가 계산될 수도 있습니다. 개인의 행동 이력이나 구매 이력을 알 수 있는 시대이므로, 아주 불가능한 일이라고 단언할 수는 없습니다. 이것이 바로 사회 문제의 '평균값 변환'이라고 할 수도 있지 않을까요.

그리고 그 수치가 높은 사람은 더 많은 세금을 내야 하거나 자동차 사용이 금지되는 제재를 받는다면 어떨까요. 개인의 '지속가능성 지수'라고도 할 수 있습니다. 이 데이터가 공개되면 개인의 신용도에도 영향을 미칩니다. 중국의 '신용점수'의 CO_2 버전과 같은 것이라고나 할까요?

더 이상의 환경 부담을 피하기 위해서 기업뿐만 아니라 개인

숫자 감각의 힘

에게도 어느 정도 책임을 지게 할 것이 분명하다고 봅니다. 이 이야기는 결코 비현실적인 것이라고만 생각하지 않습니다.

데이터 활용, AI 활용은 앞으로 점점 더 빠르게 진행될 것입니다. 이런 시대의 변화를 거부하느냐, 관심을 가지고 받아들이느냐의 차이는 결국, '그 구조를 알고 있느냐 없느냐'에 달려 있습니다. 매칭 앱도, AI 추천도, 결국은 '다변량 해석'의 세계입니다.

클라우드상에서 일어나는 다른 세상의 일이라고만 치부해서는 안 됩니다. 데이터를 사용하여 사고하는 것이야말로 앞으로 지속적으로 갖춰나가야 할 능력입니다.

숫자는 불합리하고 불확실한 세상을 명확하게 하는 훌륭한 도구입니다. 이제 짐작하지 말고, 추정하지 말고, 숫자를 통해 세상을 넓고 깊게 이해해야 합니다. 이 과정에서 이 책이 도움을 줄 수 있다면 더할 나위 없겠습니다.

이 책의 내용, 사례, 도표 일부에는 동 저자의 저서 『숫자로 말하라』(PHP연구소), 『일에 도움 되는 통계학 배우기』(니케이BP사)에서 인용된 내용이 일부 포함되어 있습니다.

숫자 감각의 힘

초판 1쇄 발행 2022년 8월 22일
초판 2쇄 발행 2022년 9월 5일

지은이 사이토 고타츠
옮긴이 양필성
펴낸이 김선식, 이주화

책임편집 최혜진
콘텐츠 개발팀 최혜진, 김찬양
디자인 섬세한 곰

펴낸곳 ㈜클랩북스 **출판등록** 2022년 5월 12일 제2022-000129호
주소 서울시 마포구 독막로3길 39 603호 (서교동)
전화 02-704-1724 **팩스** 02-703-2219
이메일 clab22@dasanimprint.com
종이 한솔피앤에스 **인쇄·제본** 갑우문화사 **코팅·후가공** 평창피앤지

ISBN 979-11-978891-4-1 (03320)

㈜클랩북스는 독자 여러분의 책에 관한 아이디어와 원고 투고를 기다리고 있습니다.
책 출간을 원하시는 분은 이메일 clab22@dasanimprint.com으로 간단한 개요와 취지, 연락처 등을 보내주세요.
'지혜가 되는 이야기의 시작, 클랩북스'와 함께 꿈을 이루세요.